Frauke Frohwerk

Traumbotschaften

Frauke Frohwerk

Traumbotschaften

Verstehen, was Gott uns im Schlaf mitteilen will

GloryWorld-Medien

1. Auflage 2019

© 2019 Frauke Frohwerk

© 2019 GloryWorld-Medien, Xanten, Germany

Alle Rechte vorbehalten

Bibelzitate sind, falls nicht anders gekennzeichnet, der „NeueLuther Bibel" (2009) entnommen.
Weitere Bibelübersetzungen:

NLB: „Neues Leben. Die Bibelübersetzung", Holzgerlingen, 2002
REÜ: Einheitsübersetzung in neuer Rechtschreibung, 2004

Das Buch folgt den Regeln der Deutschen Rechtschreibreform. Die Bibelzitate wurden diesen
Rechtschreibregeln angepasst.

Lektorat: Klaudia Wagner
Satz: Manfred Mayer
Umschlaggestaltung: Kerstin & Karl Gerd Striepecke, www.vision-c.de
Fotos: Adobe Stock und pixabay

Printed in the EU

ISBN: 978-3-95578-347-1
Bestellnummer: 356347

Erhältlich beim Verlag:

GloryWorld-Medien
Beit-Sahour-Str. 4
D-46509 Xanten
Tel.: 02801-9854003
Fax: 02801-9854004
info@gloryworld.de
www.gloryworld.de

oder in jeder Buchhandlung

Inhalt

Geleitwort

Es ist mir ein Vorrecht, ein paar Zeilen über dieses Kleinod schreiben zu dürfen. Es ist ein Buch über das Reden des himmlischen Vaters durch Träume und wie wir verstehen, was *er* uns dadurch mitteilen möchte.

Wir kennen vermutlich alle den Vers aus Apostelgeschichte 2,17:

Und es soll geschehen in den letzten Tagen, sagt Gott, da will ich von meinem Geist ausgießen auf alle Menschen; und eure Söhne und eure Töchter werden weissagen, eure jungen Männer werden Visionen haben, und eure Ältesten werden Träume haben.

Aber wir haben keine Ahnung, wie man damit umgeht. Wie dankbar bin ich dafür, dass Frauke Frohwerk das Thema nicht nur der esoterischen Szene überlässt, sondern es wieder in die Herzen der Kinder Gottes legt. Träumen ist Gottes Reden zu unserem Herzen.

Ich empfehle dieses Buch, da es einen Weg öffnet, der für viele Christen lange verborgen war. Es ist ein Weg in die Beziehung, ins Gespräch mit Gott, dem Vater, selbst.

Genau deshalb ist es so überaus kostbar.

Maria Hamann

Vorwort

Liebe Freunde und liebe Leser (die ich noch nicht kenne), ich freue mich, nun endlich dieses Buch über Träume und ihre Bedeutung geschrieben zu haben. An ein so großes Projekt hätte ich mich ohne die Ermutigung von vielen Freunden nicht gewagt. Ohne euer ständiges Drängen: „Wann schreibst du endlich?!", gäbe es dieses Buch nicht. Und ohne eure Gebete und praktische Hilfe wäre es viel schwerer für mich gewesen.

Warum schreibe ich dieses Buch? Seit etwa fünfzehn Jahren beschäftige ich mich nun mit dem Thema Träume bzw. Gottes Reden in der Nacht. Zunächst tat ich es einfach nur für mich persönlich, doch merkte ich schnell, dass ich auf einen wertvollen Schatz gestoßen war. Die Träume mehr und mehr zu verstehen, war eine große Hilfe für mich. Ja, ich denke sogar, ich wäre ohne die Träume und ohne sie zu begreifen nicht da, wo ich heute bin. Ich hätte vieles verpasst und vieles wäre ohne Gottes Reden in der Nacht um einiges schwieriger gewesen. Deshalb gilt mein allergrößter Dank meinem himmlischen Vater, Jesus, meinem Retter und Bruder, und nicht zuletzt dem Heiligen Geist. Es ist sein Geschenk, dass wir Träume verstehen können.

Es konnte nicht ausbleiben, dass ich von meinen Traumerlebnissen erzählte; und zuerst sprang meine Familie mit auf den Zug, dann viele Freunde. Bald häuften sich die Anfragen: „Darf ich dir mal meinen Traum erzählen?" Ja, erzählen ging. Ich hörte viele beeindruckende oder auch verrückte, verwirrende Träume, und meistens dachte ich zuerst: *Das kann man nicht verstehen.* Ich gab jedoch nicht auf, versuchte mir den Traum vor Augen zu führen und ihm nachzuspüren, und so fand ich die Schlüssel: ein Wort, ein Symbol, ein Gefühl, welches mir das Verständnis für den Traum öffnete. Vielen hat es geholfen, und ich stand mit staunender Dankbarkeit da.

Allerdings merkte ich schnell: Es geht nicht, dass ich für alle die Träume deute, das würde zu viel. Und außerdem würde es die Fragenden der Möglichkeit berauben, eine neue Kommunikation mit Gott zu erleben und in eine tiefere (oder: innigere) Gemeinschaft mit ihm zu gelangen. Viel lieber wollte ich meinen Freunden zeigen, auf welche Weise ich Träume verstehe. Es war mir wichtig, sie in meinen Lernprozess mit hineinzunehmen.

Zwar bin ich kein Traumexperte, schon gar nicht habe ich eine psychologische Kenntnis von Träumen, aber das ist auch nicht mein Ansatz. Ich persönlich möchte nur lernen, Gottes Stimme in der Nacht besser zu verstehen.

Angefangen hatte es mit einem Seminar der Erweckungsgemeinde aus Toronto. Dann suchte ich gezielt nach Büchern zu diesem Thema. Auf Deutsch fand ich so gut wie gar nichts. Besser sah es bei den englischen Büchern aus; da gab es etliche. Ich habe einige davon studiert und viel Gutes gelernt. Dieses Wissen wollte ich nun gerne weitergeben und begann mit kleinen Seminaren zu dem Thema. Dabei wurde ich regelmäßig nach Literatur gefragt und musste jedes Mal die Teilnehmer enttäuschen, die gerne etwas auf Deutsch gelesen hätten. Immer wieder wurde ich ermutigt: „Schreib du doch ein Buch über alles, was du uns im Seminar beigebracht hast!" Ich erkannte, dass dies sowohl für die Teilnehmer meiner Seminare als auch für alle, die keine Möglichkeit haben, an einem Seminar teilzunehmen, hilfreich wäre. Es hat eine Weile gedauert, aber hier ist es.

Ein Buch hat noch einen weiteren Vorteil: Es macht auch noch die Runde, wenn ich einmal nicht mehr so viel reisen mag, weil ich älter werde. Ich kann es zu den entferntesten Orten schicken. Die Möglichkeiten sind unbegrenzt. Ein Buch kann man immer wieder zur Hand nehmen und nachschlagen, was mit einem Seminar nicht möglich ist – im Anschluss daran sitzt du mit deinen Träumen allein zu Hause.

Ich wünsche dir, dass dieses Buch ein Begleiter für dich wird, hinein in das Abenteuer, Gottes Reden in der Nacht durch Träume zu verstehen. Es ist als Einstieg gedacht, und ich bin mir bewusst, dass es zu diesem Thema noch viel mehr gibt. Ich selbst entdecke immer wieder Neues. Aber jede Reise beginnt mit dem ersten Schritt. Dabei wünsche ich dir viel Segen.

Frauke Frohwerk

Einführung

Hast du dir das nicht schon immer gewünscht, dass da jemand ist, der dich versteht? Vielleicht sogar besser, als du dich selbst verstehst, weil er dich durch und durch kennt? Jemand, der ganz und gar für dich ist, der dich bedingungslos liebt?

Dein himmlischer Vater ist dieser „Jemand"! Er hat dir das Leben geschenkt und ist immer an deiner Seite – ob du es weißt oder nicht und ob du es fühlst oder nicht. In Psalm 139,1-5 kannst du es lesen:

Herr, du erforscht mich und kennst mich.
Ich sitze oder stehe auf, du weißt es; du verstehst meine
Gedanken von fern.
Ich gehe oder liege, du prüfst mich und siehst alle meine
Wege.
Denn sieh, es ist kein Wort auf meiner Zunge, das du, Herr,
nicht längst wüsstest.
Von allen Seiten umgibst du mich und hältst deine Hand
über mir.

Er nimmt sich heute Nacht Zeit – für dich ganz persönlich. Er spricht zu dir über dein Leben, über deine Lebensumstände und deine Gefühle. Er beantwortet deine Fragen. Und er bietet dir an, dich zu führen und dir Weisheit zu schenken, die weit über deine hinausgeht. Was er sagt, ist immer wahr und liebevoll. Seine Worte bringen dich weiter, und er tröstet und heilt deine Seele. Es tut gut, ihm zuzuhören!

Wenn du willst, hast du heute Nacht einen Termin mit deinem himmlischen Vater. Magst du ihn darum bitten?

Spricht Gott heute überhaupt noch?

Ich kann mir vorstellen, dass du einige Einwände hast:

- Spricht Gott heute überhaupt noch persönlich zu dir und zu mir? Wir haben doch die Bibel!
- Ich träume nicht. Und wenn ich einmal träume, dann erinnere ich mich nicht an den Traum.
- Meine Träume können unmöglich eine Bedeutung haben, die kann man nicht verstehen.
- Wenn du vom *himmlischen Vater* sprichst, weckt das in mir nur negative Erinnerungen an meinen Vater und schlechte Gefühle.

Alle diese Einwände haben eine Berechtigung, und deshalb wollen wir sie einmal anschauen. Ich beginne mit der letzten Frage, weil sie so grundlegend und wichtig ist.

Vater – was bedeutet dieses Wort für dich?

Gott hat uns Väter gegeben. Sie sollen uns lieben, für uns sorgen, uns schützen und Sicherheit geben, uns ins Leben führen und uns mit dem himmlischen Vater bekannt machen, denn von ihm kommt jede Vaterschaft.

Deshalb beuge ich meine Knie vor dem Vater unseres Herrn Jesus Christus, nach dem jede Vaterschaft im Himmel und auf Erden benannt wird (Eph 3,14-15).

Unsere Väter konnten diese Aufgabe aus den unterschiedlichsten Gründen nicht oder nur unzureichend erfüllen. Auch sie waren nur Kinder, deren Väter es nicht geschafft hatten, perfekt zu sein. Perfekte Väter gibt es in dieser gefallenen Welt nicht. Die meisten geben sich viel Mühe, ihren Kindern das zu geben, was sie brauchen. Aber leider gibt es auch Väter, die schlecht an ihren Kindern handeln oder sie vernachlässigen und verwundete Herzen zurücklassen.

Was machen wir mit diesen Erinnerungen?

Schau dir einmal ehrlich die Beziehung zu deinem Vater an. Was war gut, wofür bist du dankbar? Was war schlecht, was hat dir wehgetan, was fehlte dir? Es ist hilfreich, das alles einmal aufzuschreiben. Dabei geht es um deine *persönliche* Wahrnehmung. (Es kann zum Beispiel sein, dass du zwar in einer liebevollen Familie aufgewachsen bist, dass sich aber dein Kinderherz, als ein Geschwisterchen geboren wurde und die Eltern mit dem Neugeborenen viel Zeit verbrachten, zurückgesetzt und abgelehnt fühlte. Und obwohl du wirklich geliebt wurdest, sagten deine Gefühle dir etwas anderes.)

Anschließend bringe alles, was du aufgeschrieben hast, zu Gott, deinem himmlischen Vater. Wenn es dir hilft, kannst du es auch mit einem Seelsorger oder einem vertrauten Menschen besprechen.

Vergib deinem Vater! Das heißt *nicht*: Schwamm drüber. Sondern im Gegenteil, es wird ans Licht gebracht, was nicht gut war. Allerdings hältst du es nicht fest, sondern du lässt es los. Dein Vater ist dir nun nichts mehr schuldig, und du verzichtest auf jede Art Vergeltung. Das wird dich in die Freiheit führen. Es ist nun Gottes Sache, was mit deinem Vater geschieht.

Dann bitte Gott, deine Herzenswunde zu heilen. Er tut es gerne! Viele spüren die Erleichterung sofort, bei anderen ist es ein Prozess; je mehr sie den himmlischen Vater kennenlernen, desto heiler werden sie.

Fatalerweise übertragen wir unsere Erfahrungen mit unseren leiblichen Vätern auf Gott, den Vater. Wir glauben nicht wirklich, dass er uns bedingungslos liebt, für uns sorgt und gerne mit uns, seinen Kindern, Gemeinschaft hat.

Indem wir unseren irdischen Vätern vergeben, schaffen wir Raum für die Beziehung zum himmlischen Vater. Bitterkeit und Zorn blockieren diese Beziehung, aber durch Vergebung und Herzensheilung bekommen wir einen neuen Zugang zu unserem himmlischen Vater. Dann finden wir *den Vater*, der alle unsere Bedürfnisse stillt. Wenn wir ihm sagen: „Ich will, dass du mein Vater bist", werden wir erleben, dass er uns nie enttäuscht. Er wird dir niemals wehtun, und er ist immer bei dir, Tag und Nacht.

In diesem Buch möchte ich nicht weiter auf dieses Thema eingehen, es gibt viele Bücher, Seminare und andere Möglichkeiten, um sich tiefer damit zu beschäftigen.[1]

---

[1] Vgl. Henk Bruggeman, *Das Herz des Vaters entdecken,* und Wayne Jacobsen, *Geliebt!;* beide bei GloryWorld-Medien erschienen.

KAPITEL 1

Wie Gott zu uns spricht

Nachdem er sie geschaffen hatte, sprach Gott regelmäßig mit seinen Kindern Adam und Eva. Sie lebten im Garten Eden in enger Gemeinschaft mit ihm. Dann entstand durch den Sündenfall ein tiefer Riss in der Beziehung zwischen Gott und den Menschen. Trotzdem hörte der Vater nicht auf, mit ihnen zu sprechen. „Adam, wo bist du?", rief er, und Adam konnte ihn hören und ihm antworten.

Doch die Menschen wandten sich immer mehr ab, sie hörten nicht mehr auf Gottes Stimme, obwohl der himmlische Vater Tag und Nacht seine Hände nach ihnen ausstreckte und zu ihnen sprach. Sie gingen ihre eigenen Wege und folgten ihren eigenen Gedanken:

Ich streckte meine Hände den ganzen Tag zu einem ungehorsamen Volk aus, das seinen Gedanken nachgeht auf einem Weg, der nicht gut ist (Jes 65,2).

Es gab im Alten Testament einige Menschen, die auf Gottes Stimme hörten, wie zum Beispiel Samuel, David und die Propheten. Wie wäre die Geschichte wohl verlaufen, wenn Gott nicht immer wieder mit seinen Menschen gesprochen hätte? Aber Gott hatte einen Plan, und die Menschen waren ihm nie gleichgültig.

Mit Jesus wurde das Wort Gottes Mensch, das heißt, Gott redete nicht länger nur mit den Menschen, sondern durch Jesus kam er selbst. Er lebte mitten unter uns Menschen und teilte uns in Wort und Tat mit, dass er die Menschen liebt. **Jesu Ziel war es, die verlorenen Töchter und Söhne wieder** zurück nach Hause zum himmlischen Vater zu bringen sowie das Vertrauen und die Gemeinschaft wiederherzustellen. Durch seinen Tod am Kreuz machte Jesus für uns den Weg zum Vaterhaus frei. In Johannes 14,6 sagt er:

Ich bin der Weg und die Wahrheit und das Leben; niemand kommt zum Vater außer durch mich.

Nach Jesu Tod und Auferstehung suchte die junge Gemeinde täglich das Reden Gottes. Er sprach auf vielfältige Weise zu ihnen: direkt und laut oder durch innere Eindrücke; er sandte Engel mit Botschaften oder gab ihnen Visionen und Träume, so wie er es verheißen hatte:

Und es soll geschehen in den letzten Tagen, sagt Gott, da will ich von meinem Geist ausgießen auf alle Menschen; und eure Söhne und eure Töchter werden weissagen, und eure jungen Männer werden Visionen haben, und eure Ältesten werden Träume haben (Apg 2,17).

Und er hat nie aufgehört, zu uns zu sprechen. Er tut es Tag und Nacht. Es ist der Vater, der mit uns spricht. Er sendet auf allen Kanälen und möchte uns durch alle Sinne erreichen, und zwar auf die unterschiedlichste Art und Weise.

Sein Reden am Tag

Unendlich vielfältig sind die Möglichkeiten, wie unser himmlischer Vater zu uns sprechen kann. Oft redet er durch sein Wort, die Bibel, wenn wir sie betend und hörend lesen. Was meine ich damit? Ich möchte dir hier ein Beispiel geben:

Jemand nimmt seine Bibel und liest darin, wie jeden Tag. Aber diesmal ist er mit seinen Gedanken nicht bei der Sache, weil er eine schlimme Diagnose vom Arzt bekommen hat. Und plötzlich steht da:

Ich bin der Herr, dein Arzt (2 Mose 15,26b).

In einem solchen Moment geschieht etwas in deinem Geist. Du hast nicht einfach eine Information bekommen, sondern neue Hoffnung und Glauben. Und noch auf andere Arten spricht er mit uns. Hier einige davon:

- Wir hören ihn als leise innere Stimme, aber manchmal auch so laut, dass wir aufschrecken. Gottes laut hörbare Stimme erleben nur wenige Menschen und auch nur selten in ihrem Leben, meist in Extremsituationen.

- Er redet in Bildern: inneren Bildern, Visionen und Traumbildern. Diese brauchen eine Deutung, um verstanden zu werden.

- Auch im Alltag redet Gott. Er lenkt dabei unsere Aufmerksamkeit auf die Natur oder auf alltägliche Gegenstände, die in unserer Situation plötzlich eine symbolische oder übertragene Bedeutung bekommen.

- Seine Stimme können wir oftmals auch hören, wenn Mitmenschen mit uns sprechen. Du hast es bestimmt schon erlebt, dass ein hilfreicher Gedanke dich aus dem Sorgenkarussell befreite, wenn dich jemand ermutigt oder getröstet hat.

Auf welche Art und Weise hat Gott schon zu dir gesprochen? Vielleicht magst du dich einmal mit anderen darüber austauschen, und du wirst staunen, wie unterschiedlich die Menschen Gottes Reden wahrnehmen. Es wird deinen Horizont erweitern.

Gott spricht sogar durch Autoaufkleber

Vor ein paar Jahren wechselte ich die Arbeitsstelle. Das Arbeitsgebiet war für mich neu und herausfordernd. Etwas angespannt fuhr ich am ersten Tag zur Arbeit. Kurz vor dem Ziel hielt ich an einer roten Ampel, und vor mir stand ein Pkw. Ein Aufkleber zog meinen Blick auf sich, und ich staunte nicht schlecht, als ich las: *Keine Panik, Gott ist mit am Start!* Einen Aufkleber in der Art hatte ich vorher noch nie gesehen und sah auch später keinen mehr! Ich fuhr sehr ermutigt zur Arbeit und war so dankbar dafür, wie deutlich mir der Vater gezeigt hatte, dass er bei mir ist.

Im Grunde genommen wäre es so einfach, Gottes Stimme zu hören, wäre da nicht unser Verstand im Weg. Oft erleben wir sein Reden als spontane Gedanken oder flüchtige Eindrücke unserer „Fantasie". Wie soll man also Gottes Stimme von den eigenen Gedanken unterscheiden? Ich habe oft gebetet: „Vater, ich will dich besser hören." Er sprach zwar nicht lauter, aber im Laufe der Zeit wurde ich sensibler für sein Reden. Ich schenkte den spontanen Gedanken, inneren Bildern und anderen Zeichen mehr Aufmerksamkeit. Trotzdem verpasse ich sein Reden immer noch oft. Was er sagt, ist allerdings so wertvoll, dass ich es unbedingt mitbekommen will! Was kann ich also tun?

Der Vater hat noch einen weiteren Weg, zu uns zu sprechen: Er tut es, wenn unser Verstand ruht, im Schlaf. Wenn unser Körper schläft, ist unser Verstand nicht aktiv, aber unser Geist ist wach.

Ich schlafe, aber mein Herz wacht (Hohelied 5,2a).

Denn in einer Weise redet Gott und auch in einer zweiten Art, nur beachtet man es nicht. Im Traum, in Visionen in der Nacht, wenn tiefer Schlaf auf die Leute fällt, wenn sie schlafen in ihrem Bett, da öffnet er das Ohr der Leute und schreckt sie auf, um sie zu warnen (Hiob 33,14-16).

Träume in der Psychologie und Esoterik

Psychologische Traumanalyse

Auch Psychologen beschäftigen sich mit Träumen; nach ihrer Erkenntnis sind Träume ein Spiegel der Seele, und verdrängte Gefühle werden darin offenbar. Laut der Psychologie zeigen Träume auf, was im Menschen ist, und gewähren einen

Einblick in die Seele. Therapeuten erwarten durch die Analyse von Träumen eine Besserung des seelischen Zustandes ihrer Patienten.

Die Psychologie ist nicht mein Fachgebiet, sodass ich nicht mehr darüber sagen kann. Biblische Traumdeutung hat allerdings einen anderen Ansatz, wie ich später erläutern werde. Allerdings gibt es meiner Ansicht nach gewisse Überschneidungen.

Esoterische Traumdeutung

Das Internet ist voll von esoterischen Seiten, die sich mit dem Thema Traumdeutung befassen. Leider ist dabei aber nicht Gott die Quelle der Interpretation. Esoterische Traumdeuter geben auf diesen Webseiten lange Listen mit Bedeutungen von Traumsymbolen heraus. Hierbei besteht die Gefahr, dass Menschen von „Traum-Gurus" abhängig werden. Dadurch wird ihnen die Beziehung zu Gott vorenthalten.

Was ist der Unterschied zur biblischen Traumdeutung?

Während in der psychologischen und esoterischen Traumanalyse Menschen die Quelle der Deutung sind, offenbart sich bei der biblischen Traumdeutung Gott selbst. Er spricht in die Situation und den Geist des Menschen hinein. Die Hilfe und Besserung kommt dann direkt von unserem Vater im Himmel, der uns den richtigen Weg zeigt und uns hilft zu tun, was erforderlich ist, wie z. B. vergeben. Er streckt die Hand aus und rettet; er befreit und stellt wieder her; er warnt und tröstet uns und gibt uns Weisung.

Dass Traumdeutung auch anders ausgeübt wird als in der Beziehung zu Gott, sollte uns nicht davon abhalten, auf sein Reden in der Nacht zu achten und zu erforschen, was Gott uns durch Träume mitteilen will.

Gottes Reden in der Nacht

Warum redet Gott *in der Nacht* zu uns? Dafür gibt es zwei einfache Gründe:

1. Er schläft *nicht*. Für ihn gibt es keinen Grund zu ruhen und seine Zuwendung zu unterbrechen.

2. Wir schlafen. Unser Verstand ist nicht aktiv, aber unser Geist ist wach. Wir hören, ohne Gott durch unseren Verstand zu unterbrechen.

Wem gehört die Nacht?

Es gibt keinen Raum und keine Zeit, die nicht unserem himmlischen Vater gehören würde. Wir verbinden Dunkelheit und Nacht schnell mit dem Feind Gottes und mit allem Bösen, als wäre das Dunkel sein Revier. Es wurde uns schon in der Kindheit so beigebracht: Im Dunkeln wohnt der Buhmann oder der schwarze Mann. Um Mitternacht ist Geisterstunde.

Wem gehört die Nacht? Wer hat sie gemacht? Unser Gott hat sie gemacht!

Und die Erde war wüst und leer, und es war finster über der Tiefe; und der Geist Gottes schwebte über den Wassern. Und Gott sagte: „Es werde Licht!" Und es wurde Licht. Und Gott sah, dass das Licht gut war. Da trennte Gott das Licht von der Finsternis, und Gott nannte das Licht Tag, und die Finsternis nannte er Nacht. Da wurde aus Abend und Morgen der erste Tag (1 Mose 1,2-5).

Da sagte Salomo: „Der Herr hat gesagt, er wolle im Dunkel wohnen." (2 Chr 6,1).

Er hüllte sich in Finsternis ein; in Wasserdunkel und dicken Wolken war er verborgen (Ps 18,12).

Und ich gebe dir Schätze, die im Dunkeln verborgen sind – geheime Reichtümer (Jes 45,3a NLB).

Das ist die Wahrheit: Gott hat die Dunkelheit gemacht; sie gehört ihm; er herrscht über die Finsternis und verbirgt darin Schätze für uns, die es zu entdecken gilt. Für mich als Mensch ist die Dunkelheit wirklich dunkel. Ich kann nichts sehen, ich stoße mich und bin unsicher. Aber für meinen Vater ist es anders:

Denn auch Finsternis ist nicht finster bei dir, und die Nacht leuchtet wie der Tag; Finsternis ist wie das Licht (Ps 139,12).

Der Feind hat nur dann ein Anrecht auf die Dunkelheit, wenn wir ihm durch Sünde oder Angst eine Tür öffnen. Nimm deshalb Zorn, Verletzung, Frust und Furcht nicht mit in die Nacht. Darum steht im Epheserbrief:

Lasst die Sonne nicht über eurem Zorn untergehen.
Gebt dem Teufel keinen Raum (Eph 4,26b-27).

Es ist eine gute Angewohnheit, vor dem Schlafengehen all diesen Ballast zu Gott zu bringen, zu vergeben, Vergebung zu empfangen und Bedrückendes loszuwerden. Wir nehmen die Nächte und auch die dunklen Situationen unseres Lebens wieder in die tiefe Gemeinschaft mit unserem himmlischen Vater hinein. Und genauso wachen wir auch in seiner Gegenwart auf:

Ich liege und schlafe und erwache; denn der Herr hält mich (Ps. 3,6).

Welche Gefühle lösen die Worte *Dunkelheit, Finsternis* und *Nacht* in dir aus? Gibt es jemanden, der dir als Kind vor dem Dunkeln Angst gemacht hat? Hattest du traumatische Erlebnisse im Dunkeln? Verfolgen dich unheimliche Bilder, z. B. aus Filmen?

Auch hier kann Gott dich heilen. Wenn nötig, nimm Hilfe an. Der himmlische Vater will jede Nacht bei dir sein, dir Ruhe und Geborgenheit geben und zu dir sprechen.

Warum man sich an Träume nicht erinnert

„Ich erinnere mich nicht an meine Träume", das höre ich sehr oft, wenn ich ein Seminar halte. Deshalb lege ich Wert darauf, dass in der Seminarzeit mindestens eine Nacht enthalten ist. Dann beginnen wir z. B. am Freitagabend und machen am Samstag weiter. Denn es gibt Hilfen, wie man sich an Träume erinnern kann.

„Es war nur ein Traum", das habe ich von frühester Kindheit an gehört, und es hieß: „Es hat keine Bedeutung." Vergiss das! „Träume sind Schäume", sagt man, und unser Gehirn hat dadurch gelernt: „Träume brauchst du dir nicht zu merken." Dazu kommt, dass man sie nicht versteht, also tut man sie ab.

Schon unser Tagesablauf lässt es häufig nicht zu, sich an Träume zu erinnern. Der Wecker klingelt und reißt uns aus dem Schlaf. Wir stehen auf, mühsam oder munter, und der Tag beginnt sofort. Da bleibt keine Zeit, sich an Träume zu erinnern.

Ein wachsender Teil der Bevölkerung hat mit Schlafstörungen zu tun und nimmt Medikamente. Sie verhindern zum Teil den Traumschlaf. Man kommt nicht in die sogenannte REM-Phase. Hier eine Erläuterung von der Webseite www.gesundheit.de:

NON-REM- und REM-Phasen

Unser Schlaf ist nicht während der gesamten Zeit gleich tief – er verläuft in Phasen, die sich während der Nacht mehrmals wiederholen. Der Schlaf wird in fünf Phasen unterteilt, die sich durch unterschiedlich stark ausgeprägte Hirnströme unterscheiden lassen: die NON-REM-Phasen mit den Stadien 1 bis 4 und die so genannten REM-Phasen (englisch: Rapid Eye Movement), die durch schnelle Bewegung der Augen unter den Lidern gekennzeichnet sind. Während dem Tiefschlaf weitgehend die Aufgabe einer körperlichen Regeneration zugeschrieben wird, glauben die Schlafforscher, dass der REM-Schlaf für die psychische Erholung notwendig ist. Über die Rolle der schnellen Augenbewegungen ist man sich bis heute in der Schlafforschung noch nicht ganz einig.

Die REM-Phase

Während des REM-Schlafs haben wir die meisten und die intensivsten Träume – deshalb wird dieses Schlafstadium auch als Traumphase bezeichnet. Die Augenbewegungen sind dann besonders stark, Herzschlag, Blutdruck und Atmung werden schneller und unregelmäßiger, Anzeichen von sexueller Erregung sind ebenfalls festzustellen. In der REM-Phase zeigt das Elektroenzephalogramm eine verstärkte Aktivität an, gleichzeitig ist jedoch der Muskeltonus stark herabgesetzt. Dieser Vorgang wird von unserem Gehirn aktiv gesteuert. Ohne den herabgesetzten Muskeltonus würde der Schläfer alle geträumten Bewegungen auch tatsächlich ausführen, was natürlich fatal wäre. Wer aus dem REM-Schlaf geweckt wird, kann sich besonders gut an seine Träume erinnern. Im Schlaf von 8 Stunden werden 3-6 REM-Phasen gefunden, das sind ungefähr 20 % der gesamten Schlafzeit.

Geistliche Blockaden

Ein falsches Gottesbild

Was erwartest du, wenn Gott zu dir spricht? Hast du Angst davor, ihn zu hören? Dass er dir etwas Unangenehmes sagen könnte, dich tadeln oder dir einen schweren Auftrag erteilen? Dann willst du lieber nicht hinhören. Doch die Wahrheit ist, dass er dich überaus liebt und dir nur Gutes tun will! Er ist viel mehr *für dich*, als du dir vorstellen kannst, und *niemals gegen dich*. Er liebt nicht nur die, die immer tun, was er will, sondern er *ist* die personifizierte Liebe. Seine Liebe zu dir ist vollkommen bedingungslos!

Erfahrungen aus der Vergangenheit

Erfahrungen mit Menschen übertragen wir leider auf die Beziehung zu unserem himmlischen Vater. Eine Frau erzählte mir einmal, dass ihre Mutter sie oft mit tagelangem Schweigen gestraft hatte. Manchmal hatte sie noch nicht einmal gewusst, was sie falsch gemacht hatte. Nun hatte sie Schwierigkeiten, die Stimme Gottes zu hören. Nachdem sie ihrer Mutter vergeben hatte, konnte sie glauben, dass Gott sie nie auf diese Weise strafen würde, und es fiel ihr leichter, Gottes Reden in ihrem Leben wahrzunehmen.

Unversöhnlichkeit

Es gibt keine Schuld, mit der wir nicht zu unserem himmlischen Vater kommen könnten, um ihn um Vergebung zu bitten und Vergebung empfangen zu können. Dafür ist Jesus gestorben, und so dürfen wir gereinigt von unserer Schuld zu ihm kommen und Gemeinschaft mit ihm haben. Wenn wir selbst Vergebung erlebt haben, vergeben auch wir gerne jedem, der an uns schuldig geworden ist, so wie wir im Vaterunser beten:

Und vergib uns unsere Schuld, wie auch wir unseren Schuldigern vergeben (Mt 6,12).

Eine okkulte, spiritistische Vergangenheit

Der Feind missbraucht gerne unsere von Gott gegebene Gabe, übernatürliche Dinge wahrzunehmen. Er will sie für sich haben und verspricht uns Macht, Anerkennung und Reichtum, wenn wir auf ihn hören. Seine Methoden bestehen in spiritistischen Sitzungen, Horoskopen, Kartenlegen und noch vielem mehr. Wenn das deine Vergangenheit ist, dann ziehe noch einmal ganz deutlich einen Schlussstrich. Trenne dich von diesen Praktiken, bekenne deine Schuld und bitte um Vergebung und Reinigung.

Das kannst du dir so vorstellen, als würde man an einem alten Radio die Frequenz neu einstellen. Stelle deinen Empfänger auf die Wellenlänge des himmlischen Vaters ein. Das Programm wird sich sehr ändern: Du wirst nun nicht mehr Tod und Schuld wahrnehmen, sondern Botschaften des Lebens und eine neue Freiheit.

Gebet

> *Vater, es gibt so viele Stimmen, die zu mir sprechen. Ich bekenne dir heute, dass ich auf viele andere Einflüsse gehört habe und nicht auf dich. Bitte vergib mir!*
> *Heute entscheide ich mich ganz neu, deine Stimme zu hören und ihr zu folgen, denn du sprichst nur das Gute. Du sagst die Wahrheit, weil du mich liebst. Bitte lehre mich, deine Stimme klar von anderen zu unterscheiden.*
> *Amen.*

Wie kann man sich an Träume erinnern?

Aus eigener Erfahrung kann ich sagen, dass man es lernen kann, sich an Träume zu erinnern. Als ich zum ersten Mal mit diesem Thema in Kontakt kam, wuchs in mir sofort der Wunsch, mich an meine Träume zu erinnern. Ich begann sie zu erwarten, sie wurden mir wichtig. Vor dem Einschlafen betete ich und bat Gott um Träume. Nach dem Aufwachen fragte ich mich sofort: *Habe ich geträumt?*

Wenn ich wach werde, halte ich meine Augen noch einen Moment geschlossen und spüre dem nach, was ich vom Traum noch wahrnehme: Ist da noch ein Gefühl? Erinnere ich mich an Bilder oder Worte? Ich schaue noch einmal genauer in den Traum hinein, denn oft kommen dann noch mehr Eindrücke zurück, ja sogar der ganze Traum.

Zum Beispiel kann es sein, dass ich ein Gefühl der Bedrückung wahrnehme und mich dann erinnere, dass ich mich im Traum in einem alten Haus befand. Nun schaue ich mir das Haus mit geschlossenen Augen genauer an. Wie sieht es aus? Erinnert es mich an ein Gebäude, das ich kenne, vielleicht aus meiner Kindheit? In welchem Zimmer befinde ich mich? Bin ich alleine? Jedes Detail ist wichtig.

Am Anfang kannst du dich vielleicht nur stückweise an deinen Traum erinnern. Bleibe trotzdem dran. Mit der Zeit wird es dir immer leichter fallen, deine Träume zu behalten. Dann schreibe sie schnell auf, damit die Erinnerung daran nicht wieder verblasst. Es ist gut, ein Traumtagebuch neben seinem Bett liegen zu haben. Warte nicht bis zum Morgen, sondern schreibe den Traum sofort auf. Ganz sicher kannst du dich morgens nicht mehr an den Traum erinnern; er ist nur im Kurzzeitgedächtnis.

Jeder Mensch hat einen eigenen Schlafrhythmus. Ich persönlich kann mich am besten an die Träume nach sieben Uhr morgens erinnern. Dazu komme ich meist nur am Wochenende und im Urlaub. Doch dann nehme ich mir bewusst Zeit und bleibe noch ein wenig liegen, um mir die Eindrücke aus dem Traum ins Gedächtnis zu rufen.

Hier noch einmal im Überblick:

- Bitte Gott um Träume und erwarte sie.

- Halte nach dem Aufwachen deine Augen noch geschlossen, um deinem Traum nachzuspüren.

- Gehe noch einmal in deinen Traum hinein, um dich an Einzelheiten zu erinnern.

- Führe ein Traumtagebuch und schreibe deine Träume immer sofort auf, da sie nur im Kurzzeitgedächtnis sind.

- Lerne deinen Schlafrhythmus kennen und nimm dir, wann immer es dir möglich ist, Zeit für deine Träume.

Kommen alle Träume von Gott?

Es gibt drei Quellen für Träume. Sie können

- in unserer Seele entstehen,
- von Gott kommen
- oder aus dem Einflussbereich des Feindes stammen.

Seelische Träume

Die meisten Träume sind seelischer Natur. Wir verarbeiten darin Eindrücke, Erlebnisse und Gefühle unseres Alltags. Solche Träume haben wir jede Nacht, und meistens können wir uns nicht an sie erinnern. Aber sie sind wichtig für unsere seelische Gesundheit. Manchmal erinnern wir uns an kurze Szenen oder Gefühle aus solchen Träumen. Emotionen, die wir am Tag verdrängen, können sich in der Nacht Bahn brechen. „Herz, wie geht es dir?" – Seelische Träume helfen, diese Frage zu beantworten. Allerdings würde es uns überfordern, jeden von ihnen zu deuten, da wir mehrere Male pro Nacht träumen. Wenn du dich aber klar an den Traum erinnern kannst, dann lohnt es sich, ihn anzuschauen.

Ich bin Gott dankbar, dass er auf meine Seele achtgibt und mir hilft, meine Gefühle zu verarbeiten. Außerdem sind seelische Träume nicht nur für das Wohlbefinden meiner Psyche hilfreich, sondern ebenso für die körperliche Gesundheit. Und wenn ich mich an einen solchen Traum genau erinnere, schaue ich mir an, ob er nicht doch eine Botschaft von Gott enthält. Viel öfter als wir glauben redet Gott im Schlaf zu uns. Doch weil wir es nicht verstehen, tun wir es schnell als seelischen oder komischen „Pizzatraum" ab. Wir nehmen an, dass falsches Essen (zu viel und zu schwer) ihn verursacht hat und schreiben ihm keine Bedeutung zu.

Einer meiner ersten Träume, an den ich mich lebhaft erinnere, war ein solcher „Pizzatraum". Zum Abendessen gab es tatsächlich Pizza. Ich mag besonders die herzhafte Sorte mit viel Peperoni. In der Nacht bekam ich Durst und träumte:

29

Ich fuhr mit meinem Auto über die Autobahn. Während der Fahrt stieg ein freundlicher Herr zu mir in den Wagen. Er lächelte mich an und begrüßte mich:

„Guten Tag, ich bin der Berater für die Autofahrer. Ich will schauen, ob Sie unterwegs genug und das Richtige trinken."

Ich zeigte ihm meine Wasserflasche, die ich immer dabeihabe, und antwortete: „Ja, ich habe genug zu trinken, manchmal Wasser und manchmal Tee."

„Das ist sehr gut", sagte er. „So werden Sie das Ziel gut erreichen, und ich zeige Ihnen jetzt noch eine Abkürzung, damit Sie schneller vorankommen." Er zeigte mir die schnellere Route und war dann plötzlich verschwunden.

War das nur ein Pizzatraum? Ich hatte ja Durst, und da war es leicht möglich, vom Trinken zu träumen. Doch es schien mir mehr zu sein, eher so, dass der himmlische Vater sagte: „Du hast Durst? Dann lass uns doch einmal über geistlichen Durst sprechen und wie wichtig es auf deinem Lebensweg ist, ständig von mir, der Quelle, zu trinken." Wer war der Berater? In der Bibel wird der Heilige Geist auch unser Berater genannt.

Doch wenn der Vater den Ratgeber als meinen Stellvertreter schickt – und damit meine ich den Heiligen Geist –, wird er euch alles lehren und euch an alles erinnern, was ich euch gesagt habe (Joh 14,26).

Dieser Traum hat mich ermutigt und motiviert, im Gebet weiterhin vom Heiligen Geist zu trinken und in dieser Zeit auch ganz bewusst in der Gegenwart meines himmlischen Vaters zu sein.

Jeder Traum, an den du dich erinnern kannst, ist es wert, genau angeschaut zu werden, ob er vielleicht eine Botschaft von Gott enthält. Tu deine Träume bitte nicht zu schnell als Unsinn ab. Gerade dann, wenn ich etwas merkwürdige Träume hatte, stellten sie sich oft als *merk-würdig* heraus, d. h. sie waren es wert, beachtet zu werden.

Träume mit göttlicher Botschaft

Gott spricht zu uns in der Nacht. Unsere natürliche Traumaktivität ist dabei sein „Bildschirm", auf den er uns seine Botschaft sendet. Sein Ziel ist es, uns auf unserem Lebensweg zu begleiten und zu unterstützen. Im Gegensatz zu seelischen Träumen, die unseren inneren Zustand beschreiben, kann Gottes Traumbotschaft viel mehr. Sie hat die Kraft, uns zu verändern.

Regen und Schnee fallen vom Himmel und bewässern die Erde. Sie kehren nicht dorthin zurück, ohne Saat für den Bauern und Brot für die Hungrigen hervorzubringen. So ist es auch mit meinem Wort, das aus meinem Mund kommt. Es wird nicht ohne Frucht zurückkommen, sondern es tut, was ich will und richtet aus, wofür ich es gesandt habe (Jes 55,10-11 NLB).

Wenn Gott im Traum zu uns spricht, spüren wir Leben und sehen neue Möglichkeiten. Das ist ein wichtiges Merkmal seines Redens: Man kann das Leben darin wahrnehmen, und dieses Leben verändert uns! Plötzlich können wir mit seinen Augen auf unsere Umstände schauen, und das weckt in uns die Kraft, aufzustehen und weiterzugehen. Auf einmal sehen wir Türen, wo wir vorher nur eine Wand gesehen haben.

Gottes Reden ist beständig. Er ist konstant in dem, was er sagt, und nimmt es nicht zurück; er muss es auch nicht korrigieren. Sein Wort ist Ja und Amen. Es ist überprüfbar und bestätigt sich. Wenn es sich um eine Botschaft Gottes handelt, wird sie uns wiederbegegnen: in der Bibel, im Gespräch mit anderen Menschen, in einem Buch, in etwas, das du in deiner Umgebung wahrnimmst ...

Durch die Aussage von zwei oder drei Zeugen soll jede Sache bestätigt werden (2 Kor 13,1b).

Von Gott gesandte Träume sind oft sehr eindrucksvoll. Wir wachen auf und stehen noch ganz unter dem Eindruck dieses Traumerlebnisses, als wäre es eingebrannt. Manchmal sind die Träume voller Symbolik, ein andermal klar und eindeutig und bedürfen keiner Auslegung.

Zum Beispiel träumte der Pharao von sieben schönen, fetten Kühen und dann von sieben mageren, welche die fetten auffraßen. Danach träumte er von sieben vollen Ähren und anschließend von sieben dürren, und auch diese fraßen die vollen auf. Das beunruhigte ihn sehr. Die Träume ließen ihm keine Ruhe. Er konnte sich klar an sie erinnern, sie aber nicht verstehen, da sie symbolisch waren. Erst Josef, Jakobs Sohn, konnte diese Träume durch den Heiligen Geist auslegen (vgl. 1 Mose 41).

Auch Josef, der Verlobte Marias, erhielt mehrmals im Traum göttliche Weisungen. Sie halfen ihm zu verstehen, was mit Maria geschah, und warnten ihn vor Gefahren, die ihn, Maria und das Kind Jesus bedrohten. Diese Botschaften waren direkt und ohne Symbolik sofort zu verstehen. Josef gehorchte den Weisungen, und damit waren sie alle in Sicherheit (vgl. Mt 1,20-25; 2,13-14).

In der Bibel finden wir auch etliche Berichte, in denen göttliche Traumbotschaften durch Engel erklärt wurden. Dies kannst du beispielsweise im Buch Daniel, Kapitel 7 nachlesen.

Träume von Gott zu empfangen, ist kein Zeichen von besonderer geistlicher Salbung oder Reife. In der Bibel sehen wir, dass sogar heidnischen Königen und Pharaonen Träume mit göttlicher Botschaft gegeben wurden. Sie sind einfach nur ein Zeichen von Gottes Liebe und dass er sich um seine Kinder kümmert.

Es ist sehr wichtig, dass wir Träume, die von Gott kommen, verstehen. Er schenkt sie uns niemals einfach nur als Information oder zu unserer Unterhaltung, sondern sie sind wichtige Wegmarken. Dabei geht es oft um „Leben oder Tod", was ebenso geistlich wie natürlich gemeint sein kann. Wenn du einen solchen Traum hast, bitte Gott um Offenbarung, damit du ihn verstehst. Höre nicht auf nachzuforschen, was er bedeuten könnte, und suche nach geistlich erfahrenen Menschen, die dir helfen können.

Nicht alle Träume von Gott sind laut und spektakulär. Es gibt auch die leisen, sanften Träume, die wunderbare Botschaften enthalten. Sie sind wie Wasser in der Wüste und Brot in Hungerzeiten. Sie ermutigen und trösten uns auf dem Weg. Wenn dein himmlischer Vater sich nachts an dein Bett setzt und sehr persönlich über dein Leben zu dir spricht, wenn er dir die Wahrheit zeigt und dir Lösungen anbietet, ist das seine fürsorgliche Zuwendung, weil er dich persönlich so sehr liebt und weil er selbst die Liebe *ist*.

Ich lobe den Herrn, der mich beraten hat; auch bei Nacht ermahnt mich mein Herz (Ps 16,7).

Ich kenne beides: Die leisen sanften Träume, aus denen ich ermutigt aufwache, frische Ideen habe und durch die ich einfach weiß, dass mein himmlischer Vater bei mir ist. Und ebenso die aufwühlenden Träume, aus denen ich aufgeregt erwache, manchmal sogar weinend; und doch erkenne ich auch in ihnen die Liebe meines himmlischen Vaters. Man könnte sie für Albträume halten, aber der Unterschied ist, dass mir der Vater einen Ausweg zeigt, manchmal noch in diesem Traum, manchmal anschließend in der Deutung. Es ist nie hoffnungslos.

Beängstigende Träume von Gott zeigen, dass er uns etwas sehr, sehr Dringendes zu sagen hat. Er will Unheil abwenden und seine Kinder bewahren.

Im Traum, in Visionen in der Nacht, wenn tiefer Schlaf auf die Leute fällt, wenn sie schlafen in ihrem Bett, da öffnet er das Ohr der Leute und schreckt sie auf, um sie zu warnen, um den Menschen von seinem Tun abzubringen und ihn vor Hochmut zu bewahren (Hiob 33,15-17).

Lügenträume aus dem Einflussbereich des Feindes

„Ich will gegen die vorgehen, die ihre Lügenträume als Weissagung ausgeben", spricht der Herr. „Sie erzählen diese Träume überall herum und führen durch ihre Lügen und ihre zusammengereimten Botschaften mein Volk vollständig

*in die Irre! Dabei habe ich sie weder geschickt noch beauf-
tragt. Deshalb können sie meinem Volk gar nicht von Nutzen sein"*, spricht der Herr (Jer 23,32 NLB).

Was sind die Merkmale eines Lügentraumes oder auch „falschen Traumes"? Sie sind eine Täuschung des Feindes und
sprechen nicht die Wahrheit über Gott, über dich oder über die
Umstände und Situationen. Die Motivation zur Weitergabe von
falschen Träumen besteht in Stolz, Machtgier, Manipulation
und Geldgier, und sie haben zum Ziel, Menschen von Gott und
seinem Wort abzubringen. Indem sie uns in falscher Sicherheit
wiegen oder Wahrheiten verdrehen, wollen sie uns verführen.
Deshalb prüfe ich Träume auf ihre Quelle.

Im Internet oder in Büchern werden viele sogenannte „göttliche Träume" verbreitet, aber sie stammen nicht wirklich von
Gott. Dass du selbst einen solchen Traum hast, ist eher un-
wahrscheinlich, wenn dein Leben Jesus gehört und du ihm
nachfolgst. Es sei denn, du greifst bewusst zu falschen Träumen, um zu manipulieren.

Lügenträume sind finster und beinhalten keine Farbe. Auch
machen sie Angst, denn der Feind stellt sich selbst als mäch-
tig und dich als schutzlos dar. In ihnen gibt es keinen Ausweg
aus der Situation.

Gottes Wille ist immer die Wahrheit und steht im Gegensatz
zu den Lügen des Feindes. Behauptet der Feind im Traum:
„Hier ist mein Reich, hier bestimme ich", dann segne ich diesen Ort mit Gottes Gegenwart und bete, dass *sein* Reich
kommt und *sein* Wille geschieht.

Wenn ich auf Reisen bin und in fremden Häusern schlafe,
stelle ich mich bewusst unter den Schutz Gottes und bete,
dass ich den Menschen an diesem Ort zum Segen sein kann.
Bereits einige Male träumte ich auch für die Menschen an diesem Ort Botschaften von Gott, durch die ich sie ermutigen
konnte und sie Hilfe und Wegweisung bekamen.

Im Kapitel „Schritt für Schritt zur Interpretation", gehe ich
noch genauer darauf ein, wie man unterscheiden kann, aus

welcher Quelle der Traum kommt. Soviel aber sage ich dir schon jetzt: Wenn du Gott um Träume bittest, wird er es nicht zulassen, dass du stattdessen Träume vom Feind bekommst.

Wo ist unter euch ein Vater, der seinem Sohn, wenn er ihn um Brot bittet, einen Stein gäbe? Und wenn er um einen Fisch bittet, ihm eine Schlange gäbe, statt dem Fisch? Oder wenn er um ein Ei bittet, ihm einen Skorpion dafür gäbe? Wenn nun ihr, die ihr böse seid, dennoch euren Kindern gute Gaben geben könnt, wie viel mehr wird der Vater im Himmel den Heiligen Geist denen geben, die ihn bitten! (Lk 11,11-13).

KAPITEL 2

Grundlegende Prinzipien der Traumdeutung

Nun hast du vielleicht geträumt und kannst dich sogar an den Traum erinnern, aber du verstehst gar nichts. Die Traumgeschichten sind einfach nur skurril und es kommt dir alles wie Unsinn vor. Du bist versucht, das Ganze wieder als „Pizza-Traum" abzutun. Bitte nicht! Gerade die unsinnigen Träume enthalten oft große Schätze, und die kann man finden, wenn man sich betend und suchend mit ihnen beschäftigt. Ich gebe dir nun etwas Werkzeug an die Hand, damit du die Träume verstehen kannst.

Wir beginnen mit fünf einfachen, aber grundlegenden Prinzipien, die dir sehr weiterhelfen werden, deine Träume zu deuten. *(Ich beziehe mich dabei auf Aussagen von Mark Virkler während eines Seminars.[1])*

1. Die meisten Träume sind symbolisch.

Es handelt sich dabei um persönliche und biblische Symbole bzw. Bilder. Diese Symbolsprache zu lernen ist das große Abenteuer, die große besondere Herausforderung der Traumdeutung. Symbolische Träume wörtlich zu nehmen, führt zu ganz falschen Interpretationen, oder es macht einfach keinen Sinn.

---

[1] Vgl. Mark Virkler und Charity Kayembe-Virkler, *Höre Gott durch deine Träume*, GloryWorld-Medien 2018.

2. Die Symbole stammen aus dem Lebensumfeld des Traumempfängers und aus der Bibel.

Da unser Vater in seiner Liebe eine „Sprache" benutzt, die wir verstehen, kannst du dich fragen, was die Symbolik in einem Traum *für dich persönlich* bedeutet. Ein Beispiel: Du träumst von einer Katze. Nun gibt es zwei Möglichkeiten: Entweder du magst keine Katzen, weil du z. B. schlechte Erfahrungen mit streunenden, fauchenden und kratzenden Katzen gemacht hast, oder du liebst die kleinen „Stubentiger"; sie sind für dich ein liebes Familienmitglied und geben dir Ruhe und Nähe; du magst es, sie auf dem Schoß zu haben, sie zu streicheln und schaust gerne ihren lustigen Spielen zu. Dieses Bild der Katze kann also, je nach eigener Erfahrung, für jeden eine andere Bedeutung haben. Da Symbole so individuell sind, hilft es auch wenig, sie in einem Traum-Wörterbuch nachzuschlagen. Versuchen kannst du es, und vielleicht bekommst du ja eine Anregung. Schaue dabei aber immer auf den Zusammenhang, in dem das Symbol steht. Am Ende muss die Deutung für dich persönlich sinnvoll sein.

Deshalb halte ich selbst es für besser, sich betend mit dem Symbol zu beschäftigen und zu schauen, was dir persönlich dazu einfällt. Josef träumte z. B. von Getreidegarben und von Sonne, Mond und Sternen. Das entsprach seinem Lebensumfeld. Der Bäcker träumte von Brot, der Mundschenk von Trauben, König Nebukadnezar träumte von Statuen. Also träumst auch du wahrscheinlich Szenen aus deinem Berufsalltag oder aus deiner Familie. Es mag zwar so aussehen, als würdest du in deinen Träumen nur deinen Alltag verarbeiten, aber wenn du dich an den Traum erinnerst, steckt wohl mehr dahinter. Du kannst von deinem Büro träumen oder von der Schule, vielleicht auch Szenen aus dem Fernsehfilm, den du vor dem Schlafengehen gesehen hast. Möglicherweise träumst du von Kollegen und Freunden. Diese sind dann gar nicht persönlich gemeint, sondern symbolisieren z. B. eine Tätigkeit, eine Gabe oder eine Beziehung. Was bedeuten dir die Symbole? An was erinnern sie dich? Welche Gefühle wecken sie?

3. Gegenstand des Traumes sind die Fragen und Lebensumstände des Empfängers)

Der Schlüssel für das Verständnis eines Traumes ist die Lebenssituation, in der sich der Empfänger momentan befindet und welche Fragen und Probleme ihn dabei beschäftigen. Was beschäftigt den Träumenden gerade am stärksten in seinem Leben?

Paulus fragte sich z. B. auf seiner Missionsreise, wohin er als Nächstes gehen solle. In der folgenden Nacht träumte er:

Und Paulus erschien eine Vision bei Nacht: Ein Mann aus Mazedonien stand da und bat ihn: „Komm herüber nach Mazedonien und hilf uns!" (Apg 16,9).

Wenn man Paulus' Lebensumstände kennt und mit welcher Frage er schlafen gegangen ist, dann ist es sehr leicht, diesen Traum zu verstehen. Die Apostelgeschichte berichtet weiter:

Als er aber die Vision gesehen hatte, versuchten wir sofort, nach Mazedonien zu reisen, überzeugt, dass uns der Herr berufen hatte, ihnen das Evangelium zu predigen (Apg 16,10).

Es gibt Propheten, die einen Traum deuten können, ohne den Träumer zu kennen. Das ist eine seltene Gabe. Ich habe solche Propheten erlebt, allerdings fangen wir nicht mit dieser Art der Traumdeutung an.

4. Die meisten deiner Träume sind für dich persönlich.

Fange mit deinen eigenen Träumen an. Wenn du gerade beginnst, Träume zu deuten, kannst du davon ausgehen, dass 95 bis 100 Prozent von ihnen für dich selbst sind. Das ist meine Erfahrung, und so habe ich es auch von anderen gehört. Wenn wir darin treu sind und aufmerksam Gottes Stimme hören, wird Gott unseren Einflussbereich erweitern, zuerst in unserer Familie, dann auch in unserem Freundeskreis und in unserer Gemeinde.

Woran erkennst du, dass der Traum eine Botschaft für dich enthält? Wenn du darin vorkommst und irgendwie beteiligt bist. Es können auch andere Personen eine Rolle spielen, was dann so aussehen mag, als seien sie gemeint. An dieser Stelle werden viele Fehler gemacht. Hier ein Beispiel für eine solche Fehlinterpretation:

Die Frau eines Pastors träumte, dass ein Gemeindemitglied, die Gemeinde verlassen wolle. Diese Person war Teil der Gemeindeleitung und mit der Frau des Pastors befreundet. So bestellte sie ihre Freundin zum Gespräch und sprach die Sache an: „Ich weiß, dass du die Gemeinde verlassen willst." Die Freundin reagierte geschockt und verwirrt, denn es war ihr nie in den Sinn gekommen, die Gemeinde zu verlassen. Die Beziehung wurde dadurch belastet.

Was ist hier falsch gelaufen? Die Pastorenfrau hatte den Traum wörtlich genommen, anstatt symbolisch, und die Botschaft hatte ihr selbst gegolten, nicht der Freundin. Ein Problem der Pastorenfrau war die Angst, Beziehungen zu verlieren, und diese war wohl der Auslöser für den Traum gewesen. Er hatte eine Chance für die Pastorenfrau sein sollen, diese Angst zu überwinden.

5. Bleibe im neutestamentlichen Rahmen.

Die Deutung von Träumen gehört zu den prophetischen Gaben, zur Weissagung. Die Ausübung dieser Gabe im Alten Testament unterscheidet sich sehr von der im Neuen Bund. Im Alten Testament waren es einzelne, von Gott berufene Männer und Frauen, die als Sprecher im Namen Gottes auftraten: „So spricht der Herr!" Ihre Botschaft musste hundertprozentig eintreffen, sonst drohte es ihnen, als falsche Propheten gesteinigt zu werden. Ihre Botschaften waren überwiegend Gerichtsbotschaften.

Im Neuen Testament spiegelt die Prophetie eine neue Epoche in der Beziehung Gottes zu den Menschen wider – unter dem Neuen Bund, durch den Tod und die Auferstehung Jesu. Die prophetische Gabe, die darin besteht, Gottes Reden auf verschiedene Weise wahrzunehmen, steht nun jedem Christen zur Verfügung.

Denn ihr könnt alle weissagen (1 Kor 14,31a).

Neutestamentliche Prophetien unterscheiden sich aber von denen des Alten Bundes auch darin, dass sie nicht vollkommen sind. Sie sind vielmehr „Stückwerk", wie Paulus es ausdrückt. Man kann sie mit einem Puzzleteil vergleichen, das der Ergänzung und Prüfung bedarf.

Denn unser Wissen ist Stückwerk, und unser Weissagen ist Stückwerk (1 Kor 13,9).

Auch inhaltlich unterscheiden sich prophetische Botschaften des Neuen Bundes von denen des Alten Testaments. Heute sind es nicht mehr Gerichtsbotschaften, da Jesus für uns die Strafe getragen hat. Es geht vielmehr darum, dass einzelne Personen und die Gemeinde als Ganzes erbaut werden, neuen Mut bekommen (was im Griechischen des Neuen Testaments auch „zurechtgebracht werden" beinhaltet) und in verschiedenen Umständen getröstet werden.

Wer aber weissagt, der redet für die Menschen zur Erbauung, zur Ermutigung und zum Trost (1 Kor 14,3).

Wenn die Deutung deines Traumes Erbauung, Ermutigung oder Trost enthält, dann bist du schon auf dem richtigen Weg. Kommen aber Verdammnis und Gericht, dann bist du nicht auf der neutestamentlichen Ebene und Gott wird wohl nicht die Quelle deines Traums bzw. dessen Auslegung sein.

Zusammenfassend können wir also sagen:

1. Die meisten Träume sind symbolisch
2. Die Symbole stammen aus dem Lebensumfeld des Träumenden und aus der Bibel.
3. Gegenstand des Traumes sind die Fragen und Lebensumstände des Träumenden.
4. Die meisten Träume gelten dir selbst.
5. Bleibe im neutestamentlichen prophetischen Rahmen.

Traumdeutung durch andere

Wenn andere dir eine Traumdeutung anbieten, weil du sie darum gebeten hast, dann gelten auch hier alle oben beschriebenen grundlegenden Prinzipien. Das heißt: Der Traum ist symbolisch zu verstehen: Träumst du also z. B., dass du nach Afrika reist, und dir wird gesagt, dass du deine Koffer packen sollst, um nach Afrika in die Mission zu gehen, dann wäre ich sehr zurückhaltend bis ablehnend.

Was bedeutet Afrika für dich?, wäre dann die richtige Frage. Es könnte z. B. bedeuten, dass dein Lebensweg in ein weites, unbekanntes Land geht. Das muss nicht geographisch gemeint sein. Afrika steht vielleicht einfach nur für das Unbekannte. Es kann auch sein, dass du Afrika mit Bedürftigkeit, Hunger und Elend in Verbindung bringst. Fällt dir dazu aus deinem Lebensumfeld etwas ein? Oder ganz anders: Afrika steht für Schönheit und Naturwunder: wandernde Tierherden, Wüsten und weite Steppen, ein Ort, der dich zum Staunen bringt. Was kannst du fühlen? Wo will Gott dich hinbringen?

Maßgeblich sind für dich die Symbole und Bilder aus deinem eigenen Leben und nicht aus irgendeinem Traumwörterbuch. Der Traumdeuter sollte sich nach deiner Situation und deinen Lebensfragen erkundigen. Wenn er die Symbole einfach nur einem Buch entnimmt, wirst du wahrscheinlich feststellen, dass es für dich keinen Sinn ergibt.

Und zuletzt eine wichtige Frage! *Bist du durch die Traumdeutung ermutigt, erbaut oder getröstet? Bringt sie dich tiefer in die Beziehung zu deinem himmlischen Vater, mehr in das Leben hinein, das er für dich hat?* Wenn die Botschaft dich verunsichert oder dir gar Angst macht, dann sprich mit dem Menschen, der dir den Traum gedeutet hat. Sag ihm, dass du dich mit seiner Deutung nicht wohlfühlst; stelle ihm Fragen über die Details, die du nicht verstehst. Führt das am Ende nicht dazu, dass du dich mit der Deutung wohlfühlst, dann verwirf sie lieber. Denke auch daran, dass Gott seine Botschaften immer mehrfach bestätigt. Spürst du aber Freude in deinem Geist und wird dein Vertrauen in Gott gestärkt, dann nimm die Botschaft an. Du selbst fühlst es und darfst entscheiden, ob die Deutung passt.

Ich deute Träume am liebsten im Gespräch; so sehe ich gleich die Reaktion und kann gezielte Fragen stellen. Dabei kann ich mit dem Traumempfänger zusammen herausfinden, was die Symbole für ihn bedeuten.

Erzähle doch einmal!

Wenn du mit Freunden oder mit deiner Familie zusammen bist und einer erzählt, er habe in der Nacht geträumt, dann bitte ihn doch einmal: „Erzähle mir den Traum!" Du sagst nicht gleich, dass du den Traum auslegen willst oder dass du gar ein Traumdeuter bist. Du verpflichtest dich zu gar nichts, wenn du erst einmal nur zuhörst. Anschließend kannst du immer noch sagen: „Mir fällt dazu etwas ein" und bietest deine Gedanken an. Dann schaust du, wie es dem Traumempfänger damit geht.

Beginne allerdings erst einmal mit vielen eigenen Träumen, die du dir selbst deutest, mindestens ein Jahr lang. Für andere zu deuten, ist dann ein weiterer Schritt.

KAPITEL 3

Verschiedene Traumarten

Für mich ist es hilfreich, erst einmal zu erfassen, in welche Richtung der Traum geht. Ist es ein Ermutigungstraum, ein Warntraum, eine Weisung oder etwas anderes? Deshalb unterscheiden Traumdeuter gerne verschiedene Arten von Träumen:

1. Lebensbegleitende Träume
2. Ermutigungsträume
3. Warnträume
4. Kreative Träume
5. Träume zur Herzensoffenbarung
6. Berufungsträume
7. Fürbitte-Träume
8. Träume zur inneren Heilung
9. Träume bei körperlichen Erkrankungen
10. Träume zur Heilung
11. Sexuelle Träume
12. Wiederkehrende Träume
13. Weisungsträume
14. Nichtsymbolische Träume
15. Albträume

Es sind hauptsächlich die Gefühle und die Stimmung im Traum, woran du die Traumart erkennen kannst. Es können auch mehrere Arten gleichzeitig in einem Traum vorkommen, z. B. eine Weisung und eine Ermutigung.

1. Lebensbegleitende Träume

Gott kennt unser Leben mit allen Höhen und Tiefen, mit den Herausforderungen und Nöten. Er lässt uns auf dem Weg nicht allein. Viele Träume beschäftigen sich mit unserem Lebensweg. Der Vater zeigt uns aus seiner Sicht, was geschieht. Er begleitet uns durch schwierige Lebensabschnitte, wie ein Seelsorger, der immer mit seinem Rat an unserer Seite steht, aber viel besser, als es je ein Mensch könnte.

Der Herr ist mein Hirte, mir wird nichts mangeln (Ps 23,1).

Traumsymbole sind Bilder aus unserem Alltag, aus Beruf, Schule, Familie, Gemeinde, Sportclub etc. Im Traum erlebe ich die gleichen Gefühle, die ich im Alltag erlebt habe, aber oft intensiver als in wachem Zustand. Auch die Bilder sind drastischer und abenteuerlicher als das Geschehen am Tag. Sie rufen nach unserer Aufmerksamkeit. Es ist Gott selbst, der in den Traumbildern nach unserer Aufmerksamkeit ruft.

Hier ein Beispiel: Ich arbeitete einmal mit Kindern und Jugendlichen, die aus sehr schwierigen Verhältnissen kamen. Es waren vernachlässigte Kinder, fast alle mit Migrationshintergrund. Die Eltern lebten zum größten Teil von „Hartz IV". Etwas naiv hatte ich mir vorgestellt, dass, wenn ich den Kindern mit Liebe und Achtung entgegenkäme, es leicht sein würde ihre Herzen zu gewinnen und mit ihnen zu arbeiten. Bei den kleineren Kindern ging das auch, die Teenager aber verhielten sich mir gegenüber abweisend. Wenn ich ihnen etwas Freundliches sagte, dann lachten sie mich aus. Wie konnte ich ein Vertrauensverhältnis zu ihnen aufbauen, wenn sie mir nicht glaubten? Ich fing an, dafür zu beten.

Dann hatte ich folgenden Traum:

Eines der Kinder kam zu mir und bat mich um einen Teppichboden. Es erzählte, dass sie zu Hause nur nackte Böden hätten, und es sei so kalt und ungemütlich. Ich konnte ihm einen Teppichboden geben (was man im Traum alles so zufällig dabeihat). Das Kind ging mit dem großen Teppich über der Schulter nach Hause. Doch bald kam es wieder zu mir und sagte traurig: „Der Teppich passt nicht in unsere Wohnung, er ist viel zu groß." Wir überlegten, wie das zu lösen wäre, und dann gab ich ihm eine große Schere. Damit konnte es den Teppichboden zurechtschneiden, so passte er in die Wohnung.

Was sagte mir dieser Traum?

Der Boden steht als Symbol für die Lebensgrundlage der Kinder. Deren Leben war kalt und lieblos wie ein kahler Zementboden: Man kann auf ihm wohnen, aber er ist kalt und nicht behaglich. Sie hatten zwar ein Zuhause, aber herzliche Liebe und Geborgenheit fehlten dort. Dann kam ich und wollte ihnen Liebe geben. Es war gut gemeint, aber das kannten die Kinder nicht. Wenn jemand freundlich zu ihnen war, war das normalerweise mit einer Gegenleistung verbunden. Sie wussten nicht, wie es sich anfühlt, einfach um ihrer selbst willen geliebt und angenommen zu sein. Wie der Teppichboden waren die Liebe und Wertschätzung, die ich ihnen entgegenbrachte, zu groß für sie; sie mussten für ihr Leben „kleiner gemacht" und angepasst werden. Ich bat Gott nun um eine „Schere", damit sie seine Liebe fassen könnten.

Kurze Zeit später bekam ich Kontakt zur „Tafel", einer gemeinnützigen Hilfsorganisation, die Lebensmittel an Bedürftige ausgibt. Schon eine Weile hatte ich beobachtet, dass einige Kinder ohne Frühstück zur Schule kamen und auch für die Pause nichts dabeihatten. Es kam vor, dass es den Kindern während des Unterrichts vor Hunger schlecht wurde. Mit Hilfe der „Tafel" konnte ich ihnen nun zu essen anbieten. Wenn sie Hunger hatten, kamen sie einfach zu mir und bekamen ein Brot oder etwas Obst. Diese Sprache verstanden sie. Sie begannen, sich mir gegenüber zu öffnen, und nach und nach wuchs das Vertrauen der Kinder zu mir.

2. Ermutigungsträume

Wenn du einen Ermutigungstraum hattest, dann schreibe ihn auf. Er ist ein Schatz, auf den du in schweren Zeiten zurückgreifen kannst. Ein häufiges Symbol darin ist: Du bekommst ein Baby. Wenn du diesen Traum wörtlich nehmen würdest, könnte er sehr unterschiedliche Gefühle in dir auslösen, von großer Freude bis Erschrecken. Aber wir haben ja gelernt, dass Träume meistens symbolisch zu verstehen sind. Ein Baby bedeutet: Da beginnt etwas Neues und Wunderschönes im Leben. Das kann eine neue Aufgabe sein, denn ein Baby zu bekommen, bedeutet auch viel Verantwortung und schlaflose Nächte. Auch manche Sorgen bleiben nicht aus. Und dennoch ist es ein großes Geschenk, ein Baby zu bekommen, es ist eine Gabe Gottes.

Andere Traumsymbole in Ermutigungsträumen sind: Geschenke, Reisen, Beförderung, auf einem Berg stehen, du bekommst Schlüssel, ein neues Fahrzeug und vieles mehr. Gott gibt dir diese Träume, um dich auf dem Weg zum Ziel zu stärken und um dir Mut zu machen deinen Platz einzunehmen.

Josef, der Sohn Jakobs, hatte als Junge solche Träume. Gott zeigte ihm dadurch, was er für ihn vorbereitet hatte (vgl. 1 Mose 37-46).

Josef war der Liebling seines Vaters Jakob. Das zeigte dieser auch deutlich. So schenkte Jakob Josef ein prächtiges Gewand. Deshalb hassten ihn seine Brüder und sprachen kein freundliches Wort mehr mit ihm. Eines Nachts träumte Josef:

Er war mit seinen Brüdern auf dem Feld und sie banden das Getreide in Garben. Josefs Garbe stand aufrecht, die Garben seiner Brüder scharten sich um sie und verneigten sich vor ihr.

Die Brüder verstanden die Bedeutung des Traumes sofort. „Du willst über uns herrschen? Du willst unser König sein!", riefen sie entrüstet.

48

Später hatte Josef noch einen Traum. Er träumte, dass sich die Sonne, der Mond und elf Sterne vor ihm verneigten. Dieses Mal erregte er auch den Unwillen seines Vaters, der sagte: „Was hast du da geträumt? Sollen auch dein Vater und deine Mutter samt deinen Brüdern sich vor dir verneigen?"

Dieser Traum entsprang nicht Josefs überzogenem Selbstwertgefühl. Es war eine göttliche Traumbotschaft. Sie zeigte, was Gott mit ihm vorhatte.

Eine sehr schwere Zeit kam auf Josef zu. Seine Brüder, voller Neid und Hass, verkauften ihn als Sklaven nach Ägypten. Zunächst ging es ihm dort nicht schlecht. Er genoss das Vertrauen seines Herrn. Aber dann wurde er zu Unrecht beschuldigt und ins Gefängnis geworfen. Diese Umstände standen im krassen Gegensatz zur Botschaft seiner Träume. Aber deren ermutigende Wirkung blieb für Josef.

Eines Tages half er Mitgefangenen, dem Bäcker und dem Mundschenk des Pharaos, ihre Träume zu verstehen. Beide Träume traten so ein, wie Josef sie gedeutet hatte. Es dauerte noch zwei Jahre, dann hatte der Pharao zwei sehr aufwühlende Träume. Keiner seiner Weisen und Wahrsager konnte diesen Traum verstehen. Da erinnerte sich der Mundschenk an Josef, und man ließ ihn aus dem Gefängnis kommen.

Gott schenkte Josef Verständnis für die Träume des Pharaos. Josef erhielt aufgrund der Träume die Offenbarung, dass auf Ägypten sieben Jahre mit reichen Ernten zukommen würden, danach aber sieben Jahre mit Missernten. Josef riet dem Pharao, in den guten Jahren Vorräte anzulegen für die kommenden schlechten Jahre.

Der Pharao war über Josefs Weisheit und Einsicht so beeindruckt, dass er ihn zu seinem Stellvertreter machte. Er gab ihm Vollmacht über ganz Ägypten. Und es geschah so, wie der Pharao geträumt hatte: Auf sieben gute Jahre folgten sieben Jahre des Mangels. Aber Ägypten war durch die Vorratshaltung, die Josef angeordnet hatte, gut versorgt. Auch aus den Nachbarländern kamen Menschen, um in Ägypten Getreide zu kaufen.

So kamen auch Josefs Brüder ins Land. Sie begegneten Josef, ohne ihn zu erkennen, und verneigten sich vor ihm. Später kam auch sein Vater Jakob nach Ägypten. Somit wurde wahr, was Gott Josef bereits als Junge im Traum gezeigt hatte. Die ganze Geschichte mit allen Einzelheiten ist nachzulesen in 1. Mose 37–46.

Ermutigungsträume stehen manchmal im Gegensatz zu unseren Lebensumständen. Sie helfen uns durch schwere Zeiten und geben uns die Kraft durchzuhalten. Am Ende sehen wir wie Josef die Erfüllung der Verheißung.

3. Warnträume

Diese Träume fühlen sich gar nicht gut an. Man kann sie mit Albträumen verwechseln. Sie versetzen uns in Angst und Schrecken. Da geschehen Unfälle, Häuser brennen, die Erde bebt, Menschen sterben.

Warum gibt uns Gott solche Träume? Ist das noch aufbauend und ermutigend? Hier kommt die zweite Bedeutung des griechischen Wortes *paraklesis* zum Tragen, das wir meistens mit *ermutigen* übersetzen. Es bedeutet auch *ermahnen* und *auf den richtigen Weg bringen*. Viele Menschen, die Warnträume haben, fragen, ob sie sich Sorgen machen müssen, wenn in ihren Träumen z. B. ihre Kinder in Gefahr geraten. Will Gott sie auf ein schreckliches Ereignis vorbereiten?

Wenn es in diesen Träumen um Tod und Leben geht, ist in der Regel die geistliche Ebene gemeint. Gott will dann unsere ganze Aufmerksamkeit. Auch diese Träume sind fast immer symbolisch. Sie warnen aber vor der Gefahr, dass geistliches Leben stirbt, dass Visionen verloren gehen oder dass z. B. Gemeinden und geistliche Dienste Schaden nehmen können.

Allerdings zeigt Gott in Warnträumen immer einen Ausweg. Die Situation ist nie hoffnungslos.

Der Schaden muss nicht eintreten, wenn wir richtig auf den Traum reagieren: mit guten Entscheidungen, Umkehr und Fürbitte.

In Daniel 4 finden wir ein biblisches Beispiel, in dem der heidnische König Nebukadnezar im Traum eine Warnung erhält:

Er sieht im Traum einen großen Baum und hört eine Stimme: „Haut den Baum um, aber lasst die Wurzel." Er ruft seine Zeichendeuter und Wahrsager, damit sie ihm den Traum deuten, doch das können sie nicht. Der Prophet Daniel empfängt die Deutung von Gott selbst. Er erklärt König Nebukadnezar: „Das bist du und dein Königreich." Er fordert den König auf, Buße zu tun und anzuerkennen, dass Gott der Höchste ist über alle Königreiche. Daniel sagt: „Wenn du umkehrst wird es dir gut gehen." Aber Nebukadnezar kehrt nicht um und erkennt Gottes Herrschaft über ihn nicht an. So wurde das Königreich von ihm genommen, bis er Gott die Ehre gab.

Und hier ein Warntraum, den ich selbst erlebt habe:

Ich träumte, dass ein Fremder zu mir kam und mir sagte: „Du bist unheilbar krank. Trinke dieses Gift, dann stirbst du schnell und wirst nicht so sehr leiden."

Ich wusste, dass ich nicht sterben wollte und auch nicht unheilbar krank war. *Unheilbar krank* steht für Hoffnungslosigkeit und das *Gift* für falsche Gedanken, die geistliches Leben töten und zur Resignation führen. Der Vater sagte mir: „Glaube nicht jeder Lüge! Prüfe, ob Gedanken für dich hilfreich sind oder ob sie dich in Hoffnungslosigkeit treiben!"

4. Kreative Träume

In der Serie „Planet Wissen" gab es einmal eine Sendung zum Thema Träume. Dort wurde etwas sehr Interessantes berichtet: Einige Wissenschaftler und Künstler, darunter sehr bekannte, hatten bedeutende Informationen für ihr Arbeitsgebiet im Traum erhalten:
Der Chemiker **Mendelejew** suchte bereits jahrelang nach einer systematischen Ordnung der chemischen Elemente. Er

arbeitete intensiv, fand aber keine brauchbare Lösung. Im Jahr 1869 sah er sie auf einmal im Traum deutlich vor sich. Als er erwachte, schrieb er sofort auf, was er gesehen hatte. Es war das noch heute gebräuchliche *Periodensystem der Elemente*.

Albert Einstein hat angeblich geträumt, dass er schnell einen Berg hinunter läuft und dabei die Sterne beobachtet. Auf einmal wird ihm klar: Licht bewegt sich immer mit der gleichen Geschwindigkeit. Diese Erkenntnis ist eine wichtige Säule für Einsteins *Relativitätstheorie*.

Der Beatle **Paul McCartney** hat nach eigenen Angaben die Melodie für den Erfolgssong „Yesterday" im Schlaf gehört. Als er wach wurde, schrieb er diese Melodie auf und der Song entstand.

Das sind zwar sehr herausragende Beispiele von kreativen Gedanken und Lösungen, die geträumt wurden, aber solche Träume sind viel häufiger, als wir denken. Vieles, was im wachen Zustand nicht gelingen will, kommt im Traum zu uns. Unser Gott hat Zugang zu allem Wissen und aller Weisheit, zu allem, was wir brauchen. Erfindungen, Lösungen für Alltagsprobleme, das Wiederfinden von Verlorenem, Inspirationen für Künste, Kompositionen und vieles mehr kommt durch Träume als Geschenk vom Himmel.

Ich selbst hatte schon öfter vor Seminaren und Predigten Impulse im Traum, die ich aufschrieb und dann verwendete. Vor einigen Jahren träumte ich einmal, auf welche Weise ich eine Kinderstunde halten sollte. Ich bekam den Impuls, jedem Kind ein ermutigendes Wort zu geben. Und der Vater sagte mir, dass er etwas Spezielles für einen Jungen habe, der gerade in großen persönlichen Nöten steckte.

Ich war sehr gespannt und setzte den Impuls in der Kinderstunde um. Für jedes Kind hatte ich ein ermutigendes Wort. Dann kam dieser Junge dran. Als ich für ihn betete, hatte ich ein inneres Bild: Ich sah aus einem kleinen Flugzeug auf eine afrikanische Buschlandschaft. Das erzählte ich dem Jungen. Der wurde ganz aufgeregt und sagte: „Das stimmt! Ich will einmal Buschpilot werden." Nach der Stunde rannte er zu seinem Vater und erzählte ihm voller Freude: „Gott kennt mich! Gott weiß, was ich werden will!" Was für eine Ermutigung für den Jungen!

5. Träume zur Herzensoffenbarung

Diese Kategorie von Träumen ist sehr wichtig. Im Traum, wenn unser Verstand und unser Stolz uns nicht mehr wie eine Schutzmauer umgeben, redet Gott über den Zustand unseres Herzens. Dann zeigt er uns, wie es wirklich in uns aussieht, und zwar nicht, um uns zu verdammen, sondern um uns zu helfen. Angst, Sorge, Stolz und Lüge werden offenbar, sobald unser frommer Schutzmantel nicht länger unser Herz bedeckt. Wenn wir die Traumbotschaft annehmen, bringt uns das charakterlich voran. Diese Träume sind Gottes Seelsorge an uns in der Nacht. Er kümmert sich um unser Herz, das er besser kennt als wir selbst.

Wen der Herr liebt, den erzieht er und liebt ihn doch wie ein Vater seinen Sohn (Spr 3,12).

Das folgende biblische Beispiel ist kein Traum; es ist aber ein Gleichnis, so wie viele unserer Träume Gleichnisse sind. Nathan kam zu König David, nachdem David mit Batseba Ehebruch begangen hatte:

Da sandte der Herr Nathan zu David. Als dieser zu David kam, sagte er: „In einer Stadt lebten zwei Männer. Der eine war reich, der andere arm. Der Reiche besaß viele Schafe und Rinder. Der Arme hatte nichts außer einem kleinen Lamm, das er gekauft hatte. Er zog es zusammen mit seinen Kindern auf. Es aß vom Teller des Mannes, trank aus seinem Becher und es schlief in seinen Armen. Er behandelte es wie eine Tochter. Eines Tages kam ein Gast in das Haus des reichen Mannes. Doch statt ein Lamm oder ein Rind aus seiner eigenen Herde für den Gast zu schlachten, nahm er das Lamm des Armen, schlachtete es und setzte es seinem

Gast vor." David wurde sehr zornig über diesen Mann. *"So wahr der Herr lebt", schwor er, "wer so etwas tut, verdient den Tod! Er muss dem Armen vier Lämmer für das eine geben, das er ihm, ohne auch nur das geringste Mitleid zu zeigen, geraubt hat."* Da sagte Nathan zu David: *"Du bist dieser Mann!"* (2 Sam 12,1-7a NLB).

David tat aufrichtig Buße. Die Schuld hatte schmerzhafte Folgen für ihn, sein Sohn starb. Aber David ging nicht verloren und er konnte neu beginnen.

6. Berufungsträume

Träume können uns viel über unsere Gaben und Talente sagen. In manchen davon wird unsere Berufung sichtbar.

Bei dem Wort *Berufung* denken wir als Erstes an Pastoren, Missionare usw. Es geht aber gar nicht um Titel, sondern um unsere von Gott geschenkten Fähigkeiten, damit wir im Reich Gottes unseren Platz einnehmen und anderen dienen können.

Und dient einander, jeder mit der Gabe, die er empfangen hat, als gute Haushalter der vielfältigen Gnade Gottes (1 Petr 4,10).

Woher weiß ich nun, was meine Gaben sind? Träume können ein Hinweis dafür sein. Mancher träumt lebhafte Geschichten mit vielen Handlungen und voller Symbole. Da wird im Traum gekämpft, gebaut, getröstet, gerettet, geführt, versorgt und vieles mehr. Ich stelle gerne die Frage: **„Was hast du in dem Traum gemacht?"**

Könnte es ein Hinweis auf deine speziellen Gaben sein? Bist du z. B. im Traum der Kapitän eines Schiffes voller Menschen? Das bedeutet, dass dir viele Menschen anvertraut sind und du in irgendeiner Art ihr Leiter bist. Oder bist du ein Feuerwehrmann, der Menschen aus den Flammen rettet? So könntest du ein Herz für Menschen in Not haben. Du deckst gerne den Tisch und hast Gäste, denen du gute Speisen vorsetzt?

Dann gibst du bestimmt auch gerne geistliche Nahrung weiter oder hast die Gabe der Gastfreundschaft.

Diese Träume machen uns Mut, in die Berufung zu gehen, die Gott in uns hineingelegt hat. Sie sind eine Bestätigung für unseren Weg. Der Traum zeigt dir, wofür dein Herz *wirklich* schlägt. Dein Verstand kann dir mit Argumenten im Wege stehen. Er sagt dir vielleicht: „Das kann ich nicht, das traue ich mir nicht zu." Aber in den Träumen umgeht Gott deinen Verstand und zeigt dir, welche Pläne er für dein Leben hat.

Manche Worte lösen auch falsche Vorstellungen in uns aus. Nehmen wir einmal den Begriff *Leiter*. Da denkt man sofort an Gemeindeleiter, Leiter eines Dienstes, Firmenleiter, Schulleiter, Gruppenleiter oder etwas Ähnliches. Doch jeder ist anders belastbar. Das Wort *Leiter* besagt nichts über die Anzahl der Menschen, die dir folgen, sondern, dass du vorangehst und andere auf dem Weg nachkommen und deinen Schritten folgen. Mancher Dienst hat sehr klein angefangen und sich dann immer weiterentwickelt. Verachte nicht die kleinen Anfänge, sondern gehe treu deiner Berufung gemäß.

Denn wer ist es, der den Tag kleiner Dinge verachtet? (Sach 4,10a).

7. Fürbitte-Träume

Gott schickt uns manchmal Träume, die uns auf die Not anderer Menschen aufmerksam machen sollen. Er sucht Menschen, die für andere betend einstehen. Dazu offenbart er uns manchmal in Träumen, was im Leben des anderen geschieht, da sein Herz für die Menschen schlägt, denen es gerade schlecht geht.

Und ich suchte einen Mann unter ihnen, der eine Mauer bauen und vor mir für das Land in den Riss treten könnte, damit ich es nicht verderben müsste; aber ich fand keinen (Hes 22,30).

Gab es früher bei einem feindlichen Angriff in der Stadtmauer einen Riss, dann war die Stadt in höchster Gefahr, weil der Feind dort eindringen konnte. Es half nur, dass Soldaten den Riss verteidigten, bis er von anderen wieder geschlossen wurde. Diese Soldaten sind ein Bild für die Fürbitter. Furcht, Sünde und Unversöhnlichkeit bilden z. B. solche Risse in dem Schutz, der unser Leben normalerweise umgibt. Die Fürbitter stellen sich im Gebet in den Riss, damit der Feind dort nicht eindringt. Die betroffene Person kann umkehren und durch (erneute) Hinwendung zu unserem Vater gerettet oder wiederhergestellt werden.

Manche Fürbitter werden im Traum auf solche Risse aufmerksam gemacht, damit sie ihren Platz einnehmen können, wie z. B. eine junge Frau, die mich ansprach und sagte:

„Ich weiß nicht, was mit mir los ist. Mir geht es gut, das Leben ist gerade sehr schön für mich, ich habe Freude und bin ausgeglichen. Und dennoch habe ich schreckliche Träume. In meinen Träumen sehe ich viel Not und Geschrei, es zerreißt mir das Herz! Was hat das zu bedeuten?"

Wir schauten uns den Traum gemeinsam an.

Es wurde deutlich, dass sie nicht von eigener Not träumte, sondern dass sie aus der himmlischen Perspektive die Not anderer Menschen sah. Sie fühlte mit ihnen, so wie unser himmlischer Vater mit uns fühlt; sie weinte mit den Weinenden. Die junge Frau begann, für die Verzweifelten zu beten, die sie im Traum gesehen hatte, und die bedrückenden Träume hörten auf. Ihr Herz war verändert, weil sie Gottes mitfühlendes Herz erfahren hatte.

Woran erkennt man, dass es sich um einen Fürbitte-Traum handelt? Wenn auch nach intensivem Forschen kein Zusammenhang mit der eigenen Lebenssituation zu finden ist, kann es der Fall sein.

Typischerweise bist du nicht der Handelnde in diesem Traum, sondern bist in der Rolle des Beobachters.

Du siehst von oben auf das Geschehen oder aus der Entfernung, wie ein Zuschauer in einem Stadion auf ein Fußballspiel schaut.

Ich bin sicher, solche Träume können das Geschick einzelner Menschen, ganzer Gruppen, ja ganzer Länder zum Guten wenden, wenn wir für sie in den Riss treten und beten. Dazu brauchen wir nicht mehr zu wissen, als das, was uns der Vater im Himmel offenbart. Wir wissen meistens nicht, wer die Menschen sind und wo sie wohnen. Ich bleibe dann einfach betend in dem Traumbild. Ich bete z. B.: „Bewahre diese Menschen vor dem Abgrund, dass sie nicht hineinstürzen und umkommen. Bitte Vater, strecke deine Hand aus und rette sie."

Gott sucht Beter, und es ist ein Privileg, wenn er uns im Traum seine Anliegen zeigt und uns in die Gedanken seines Herzens mit einbezieht.

8. Innere Heilungsträume

In diesen Träumen erscheinen Bilder aus unserer Vergangenheit, meist aus unserer Kindheit. Wir sehen uns wieder als Kind, sehen unser Elternhaus, unsere Schule und Personen der Vergangenheit. Es geht darin um Erlebnisse und Erfahrungen aus dieser Zeit. Wir tauchen wieder in vergangene Lebensabschnitte ein, aus denen verborgene Wunden stammen. Es kommen Gefühle zum Vorschein, die wir im wachen Zustand verdrängen.

Gott will, dass wir die Erlebnisse mit ihm zusammen anschauen und heil werden.

Diese Träume sind sehr hilfreich, ein gutes Werkzeug für Gebet und Seelsorge, da sie tiefsitzende Verletzungen der Seele und verborgene Ängste offenbaren. Innere Heilungsträume sind sehr aufwühlend und oft schrecklich. Sie kehren so lange wieder, bis die Erlebnisse der Vergangenheit geheilt sind. So nehmen sie oft die Form von Albträumen an. Ich rate dann sehr, sich Hilfe zu holen. Du kannst davon ausgehen:

Wenn Gott eine Herzenswunde anspricht, dann ist auch die Zeit für die Heilung da!

Albträume bei Kindern haben in der Regel andere Ursachen, siehe unter Punkt 15.

9. Träume bei Erkrankungen

Wirres Zeug träumt man manchmal, wenn man Fieber hat. Das sind keine Botschaften Gottes, sondern Symptome unseres kranken Körpers. Auch Medikamente und Narkosemittel können schlechte Träume hervorrufen.

10. Träume zur Heilung

Gott will, dass es uns gut geht, und zwar an Leib, Seele und Geist. Wenn unser Körper leidet, dann will er uns gerne helfen und bietet uns auf verschiedenen Wegen seine Hilfe an. Einer dieser Wege sind Träume. Gott hat Lösungen für unsere körperlichen Leiden, auch wenn Ärzte nicht weiterwissen.

Eine Frau erzählte mir von einem Traum, in dem die Küche in ihrem Haus brannte. Daraufhin untersuchte sie die Küche, ob irgendetwas nicht in Ordnung sei, fand aber nichts. Dann erkannte sie, dass das Haus ein Symbol für ihren Körper war und dass die Küche als Ort der Speisezubereitung für ihren Magen stand. Sie ging zum Arzt und ließ ihren Magen untersuchen. Tatsächlich fand der Arzt dort ein Problem, welches sie mit einer Diät in den Griff bekam. Danach hatte sie viele Jahre Ruhe, aber dann kehrten diese Träume zurück. Nun wusste sie, dass sie wieder mehr auf ihre Ernährung achten musste.

Ein Arzt in deinen Träumen kann sehr gut für den himmlischen Vater stehen, der selbst von sich sagt:

„Ich bin der Herr, dein Arzt" (2 Mose 15,26 b).

11. Sexuelle Träume

Sexualität gehört zu unserem Leben, und deshalb kommt sie auch in unseren Träumen vor. Meist sind diese Träume symbolisch und sprechen von tiefer Beziehung, Gemeinschaft, Leidenschaft und einem Bund der Liebe.

Warnende Träume, in denen Sexualität eine Rolle spielt, können Untreue symbolisieren. Das ist auch in der Bibel ein häufig gebrauchtes Bild.

Und der Herr sagte zu mir zur Zeit des Königs Josia: „Hast du auch gesehen, was Israel, die Abtrünnige, tat? Sie ging hinauf auf alle hohen Berge und unter alle grünen Bäume und trieb dort Hurerei" (Jer 3,6).

Sexuelle Träume in Form eines Albtraums erleben Menschen, die in ihrer Vergangenheit Missbrauch erfahren haben. Diese Träume werden von einem Gefühl der Bedrohung, Angst und des Ausgeliefertseins begleitet. Hier ist professionelle Hilfe nötig. Mit zunehmender Bewältigung des Traumas verschwinden diese Träume.

Gesunde Sexualität dient dem Einswerden von Ehepartnern und ist auch ein Abbild der Einheit zwischen Gott und der Gemeinde.

Darum wird ein Mann seinen Vater und seine Mutter verlassen und seiner Frau anhängen, und die zwei werden ein Fleisch sein. Dieses Geheimnis ist groß; ich rede aber von Christus und der Gemeinde (Eph 5,31-32).

12. Wiederkehrende Träume

Es kann sein, dass man den gleichen Traum in einer Nacht zweimal oder auch über einen ganzen Zeitraum hinweg immer wieder hat. Es muss sich dabei nicht immer um die gleichen Traumbilder handeln; auch verschiedene Bilder können die gleiche Botschaft enthalten.

Es könnte zum Beispiel sein, dass du in einer Nacht von einem Weg träumst, der vor dir liegt und dich in ein großes, weites Land führt. In einem anderen Traum befindest du dich in deinem Haus und findest darin eine Tür, die du noch nie gesehen hast; du öffnest sie und siehst einen neuen, großen Raum. Oder du träumst, dass dir jemand einen Scheck über eine große Summe überreicht.

Es sind verschiedene Bilder, die aber die gleiche Botschaft zum Ausdruck bringen: Gott hat noch viel mehr für dich, als du bisher erlebt hast. So hat es Jeremia von Gott gehört, als er in Gefangenschaft saß:

> Rufe mich an, dann werde ich dir antworten und werde dir große und gewaltige Dinge mitteilen, die du nicht weißt (Jer 33,3).

Wie ich erfahren habe, ist es gar nicht so selten, dass ein Traum mit gleichen Bildern und derselben Botschaft von verschiedenen Menschen geträumt wurde. Auch hierzu ein Beispiel:

Eine Frau erzählte mir einen Traum, der sie sehr beeindruckt hatte. Darin war es Morgen. Sie wachte in ihrem Traum auf und wusste nicht, wie spät es ist. Die Vorhänge in ihrem Wohnzimmer waren geschlossen. Sie beeilte sich nicht und setzte sich vor den Fernseher, um die Folge einer Serie anzuschauen. Nach einiger Zeit stand sie aber doch auf und öffnete die Gardinen. Was sie sah, erstaunte sie sehr, und sie erschrak. Es war schon heller Tag, viele Menschen waren auf der Straße. Sie rannten in Panik aus der Stadt. Der Himmel leuchtete in ungewöhnlichen Farben. Die Frau dachte: „Ich wusste nicht, dass es schon so spät ist!"

Als sie ihren Traum später erzählte, rief eine andere Zuhörerin erstaunt aus: „Diesen Traum habe ich auch schon einmal geträumt!"

Was haben wiederkehrende Träume zu bedeuten? Auch der Pharao, dem Josef seine Träume deutete, hatte in einer Nacht zwei aufeinanderfolgende Träume mit unterschiedlichen Bildern, aber derselben Botschaft. Dazu steht im 1. Buch Mose:

Dass aber der Pharao gleich zweimal träumte, bedeutet: Die Sache steht bei Gott fest und Gott wird sie bald ausführen (1 Mose 41,32 REÜ).

Doppelt heißt: Achtung sehr wichtig!

Gott ruft Saul zweimal beim Namen: „Saul, Saul, warum verfolgst du mich?" (vgl. Apg 9,4). Jesus beginnt wichtige Aussagen mit *wahrlich, wahrlich.* Da ist eine Dringlichkeit, Gott will unsere ganze Aufmerksamkeit. Es geht um lebensverändernde Entscheidungen, die man nicht verpassen darf.

Damit jede Sache durch zweier oder dreier Zeugen Mund bestätigt werde (Mt 18,16b).

Höre ich also, dass es einen Traum mehrmals gegeben hat, durch eine oder mehrere Personen, dann werde ich sehr aufmerksam, da die Botschaft wichtig ist, so wie der am Beginn dieses Kapitels beschriebene Traum. Es ist ein prophetischer Traum, der aufzeigt, in welcher Zeit wir leben. „Es ist später, als du denkst", könnte man diesen Traum überschreiben, und deswegen „vertut nicht eure Zeit!".

Wenn zwei Personen das Gleiche träumen, kann es auch sein, dass sie etwas gemeinsam haben, z. B. einen gemeinsamen Lebensbereich. Gehen sie in dieselbe Gemeinde, haben sie denselben Arbeitgeber, leben sie an einem Ort? Die Botschaft gilt dann eventuell dem gemeinsamen Bereich.

13. Weisungsträume

In diesen Träumen zeigt dir Gott klare Schritte und Handlungen. Sie sind nötig, um dich auf deinem Lebens- und Glaubensweg voranzubringen, damit du dein Ziel erreichst, welches Gott dir gegeben hat. Wir sind immer wieder in Gefahr, das Ziel aus den Augen zu verlieren. Uns Menschen fehlt der Überblick und die Weisheit. Hier reicht unser himmlischer Vater uns die Hand und gibt uns, was wir brauchen.

Typische Weisungsträume sind Reiseträume, in denen uns symbolische Wege oder Orte empfohlen werden. Der Vater sagt uns zum Beispiel, was wir einpacken sollen, ob unser Fahrzeug in Ordnung ist, ermuntert uns, an einer Quelle zu rasten oder zügig weiterzugehen. Jesus sagt in Johannes 10,27:

Meine Schafe hören meine Stimme, und ich kenne sie, und sie folgen mir.

In seinen Weisungen lässt unser guter Hirte uns viel Freiheit. Er ist nicht der Chef, der sagt: „Tue genau das, was ich dir sage, sonst bekommst du Ärger."

Ein inneres Bild hat mir persönlich sehr geholfen, das zu verstehen:

Ich sah ein kleines, neugeborenes Lamm. Der Hirte nahm es auf den Arm und trug es. Er hielt es nah bei sich, damit das Lamm seine Stimme kennenlernen konnte. Nach ein paar Tagen setzte er das Lamm auf die Weide und ermunterte es mit einem sanften Stups: „Nun lauf!"

Das Lämmchen stand zitternd da, ganz unsicher, es wusste nicht wohin es gehen sollte. „Was ist der richtige Weg?", fragte es den Hirten. „Soll ich rechts gehen oder links oder geradeaus?" Da lachte der gute Hirte und antwortete: „Mein liebes Lämmchen, springe wohin du magst. Solange du auf meiner Weide bleibst, ist alles gut."

Manche fürchten sich, Gottes Weisung zu verpassen, z. B. bei der Berufswahl. Die Vorstellung ist: *Wenn ich das Falsche wähle, wird es mir schlecht gehen. Nur der einzig richtige Weg ist der gesegnete Weg.* Wenn du aber auf seiner Weide, also beim guten Hirten Jesus bleibst, sodass du in seiner Nähe bist und ihn hören kannst, dann ist es egal, ob du Lehrer oder Handwerker wirst, ob du ein gelbes Kleid anziehst oder ein rotes. Du wählst einfach, was dir Freude macht, da Freude schon ein gutes Indiz dafür ist, dass du dich auf seiner Weide befindest.

Weisungsträume zeigen dir, wie du bei ihm bleibst. Der Hirte Jesus ermuntert dich auch immer wieder, einmal zu rasten und von der frischen Quelle zu trinken. Seine Weide ist sehr groß, und sie lässt uns viel Freiheit für unsere Entscheidungen.

14. Nichtsymbolische Träume

Manchmal spricht Gott Klartext. Dann sind unsere Träume wörtlich zu verstehen und nicht symbolisch gemeint. Diese nicht-symbolischen Träume sind eher die Ausnahme, aber es gibt sie. Gott weiß, wann wir eine klare Weisung brauchen, nämlich dann, wenn es um wichtige, lebensentscheidende Dinge geht, so wie bei Josef:

> *Da erschien ihm ein Engel des Herrn im Traum und sagte: „Josef, du Sohn Davids, fürchte dich nicht, Maria, deine Frau, zu dir zu nehmen; denn was in ihr empfangen ist, das ist vom Heiligen Geist* (Mt 1,20b).

Auch die Weisen aus dem Morgenland reisten nicht über Jerusalem zurück, da Gott sie im Traum gewarnt hatte. Hier gab es keinen Zweifel, keine Symbole, die man falsch verstehen konnte. Wir werden solche Träume haben, wenn wir sie brauchen. Dann ist es gut, wenn wir gelernt haben, Träume ernst zu nehmen.

Bevor wir allerdings aufgrund eines Traumes einen weitreichenden Entschluss fassen, z. B. eine Hochzeit, einen Ortswechsel oder andere einschneidende Entscheidungen, ist es wichtig, sich mit anderen zu beraten. Die Frage ist: „Verstehe ich den Traum richtig?"

Ich selbst habe nur selten nichtsymbolische Träume, aber einmal träumte ich von einem bestimmten Ort und Personen, die ich noch nicht kannte. Das Ziel dieses Traumes war, mit ihnen in Kontakt zu kommen. Zuerst prüfe ich immer, ob der Traum symbolisch ist, da dies in den meisten Fällen zutrifft. Wenn die Deutung gar keinen Sinn ergibt, warte ich, ob eine Bestätigung oder Führung kommt. Nach diesem Traum sprach mich jemand ganz konkret auf diesen Ort und auf die

Personen an. Da wurde ich sehr aufmerksam und wusste, dass ich dieser Spur weiter folgen sollte.

15. Albträume

Bei einem Albtraum empfindet man große Angst und Panik. Man erlebt bedrohliche, oft auch lebensgefährliche Szenen. Das eigene Leben oder das von geliebten Menschen ist in Gefahr. Er endet mit Aufschrecken, wodurch man aufwacht. Albträume können sich häufig wiederholen.

Warnträume oder Fürbitte-Träume fühlen sich ähnlich an. Doch im Gegensatz zu Albträumen sind sie nie hoffnungslos, sondern zeigen Wege aus der Gefahr. Man nimmt an, dass Albträume ihre Ursache in unverarbeiteten Traumata haben. Wird das Trauma überwunden, dann hören auch die Albträume auf.

Albträume bei Kindern

Bei Kindern haben Albträume meistens andere Ursachen und können entwicklungsbedingt sein. Sie verlieren sich in der Regel mit zunehmendem Alter, meist mit dem Beginn der Schule, mit sechs Jahren. Kinder nehmen viel wahr und können ihre Eindrücke nicht so filtern wie Erwachsene. Sie verstehen vieles nicht, was sie hören und sehen. Das nehmen sie dann mit in die Nacht. Ihnen hilft eine ruhige, geborgene Atmosphäre am Abend und jemand, der ihnen zuhört. Abendgebet und Gute-Nacht-Rituale helfen dem Kind, zur Ruhe zu kommen.

***

So unterschiedlich alle diese Traumarten sind, lässt sich nicht immer klar abgrenzen, um welche es sich handelt. Ein Traum kann mehrere Arten in sich vereinen, z. B. als Warntraum anfangen, dann aber auch eine Weisung und eine Ermutigung enthalten.

KAPITEL 4

Die Symbolsprache der Träume

Jesus zog mit seinen Jüngern durch das Land und erzählte von Saat und Ernte, Fischfang, Schafen, Häusern und Schätzen. Seine Gleichnisse sprechen heute noch zu uns. Wir können sie gut verstehen, oft besser als nur verstandesmäßige Aussagen. Nicht umsonst sagt man: „Ein Bild sagt mehr als tausend Worte." Jeder Mensch in Israel, egal ob einfach oder gebildet, ja, jedes Kind konnte seine Botschaften verstehen. Interessanterweise hatten aber gerade die Klugen, die Schriftgelehrten und Pharisäer, Schwierigkeiten, mit den Gleichnissen umzugehen. Sie forderten: „Warum erzählst du uns solche Geschichten? Sage uns doch klar, was du uns zu sagen hast!"

Die „Wortsprache" spricht mehr unseren Verstand an, und diese Art des Denkens und Sprechens sind wir gewohnt, weshalb wir sie gut verstehen. Aber Gott umgeht unseren Verstand, indem er in Bildern direkt zu unserem Herzen spricht.

Gottes Sprache ist eine Herzenssprache.
Er kommuniziert von Herz zu Herz mit uns.

Deswegen spricht der Vater in unseren Träumen in Symbolen und Bildern zu uns, denn damit erreicht er direkt unser Herz.

Die Symbolsprache ist eine Herzenssprache.
Sie weckt Gefühle und Erinnerungen, Ängste und Hoffnungen.

Es kostet etwas Mühe, die Bedeutung der Symbole herauszufinden, aber es lohnt sich! Es tun sich Schätze von unendlichem

Wert auf, und das Nachforschen und Beten führt uns tiefer in die Gemeinschaft mit unserem Gott.

Wer mit dem Herzen hört, erlangt Offenbarung über Gott und seine Wege.

Wer ein Ohr hat, der höre, was der Geist den Gemeinden sagt (Offb 2,7a).

Ich unterscheide

- biblische Symbole,
- allgemein verständliche Symbole
- und persönliche Symbole

und werde diese im Folgenden erläutern.

Biblische Symbole

Die Bibel enthält sehr viele Bilder und Gleichnisse. Schon das Alte Testament ist voll davon. Nehmen wir einmal den Auszug Israels aus Ägypten. Diese Begebenheit ist wirklich geschehen, aber auch als Gleichnis zu sehen. Wir sind keine Sklaven im damaligen Ägypten und doch sagt uns diese Situation von damals immer noch etwas. Auch in unserem Leben gibt es Gefangenschaften. Wir können z. B. Gefangene der Sünde sein. Allein können wir uns nicht daraus befreien; es braucht dazu ein göttliches Eingreifen, wir benötigen einen Retter.

Gott sei aber gedankt, dass ihr Knechte der Sünde gewesen aber nun von Herzen dem Vorbild der Lehre gehorsam geworden seid, worin ihr unterwiesen worden seid (Röm 6,17).

Die Befreiung aus der Knechtschaft Ägyptens ist also auch ein Bild für unsere Befreiung von der Sünde. Auch ziehen wir meistens nicht mehr durch die Wüste, aber „Wüstenzeiten" kennen wir alle. Wir kämpfen nicht mehr gegen Amalekiter und Hetiter, aber in unseren „Lebenskämpfen" finden wir Hilfe, indem wir diese alten Geschichten lesen. Unsere Lebenskämpfe heißen Krankheit, Konflikte in Beziehungen, finanzieller Mangel usw.

Ich halte es für sehr wichtig, die Bibel gut zu kennen, wenn man Träume richtig verstehen will.

Kommen in deinen Träumen Symbole vor, die in der Bibel erwähnt werden? Dann lies diese Stellen nach. Das hilft sehr bei der Deutung.

Die folgenden Beispiele habe ich ausgesucht und aufgeschrieben, um einen Einblick zu geben, wie man Symbole verstehen kann. Ein umfassendes Wörterbuch der Symbole möchte ich aus folgenden Gründen nicht anbieten:

• Das ist nicht mein Hauptanliegen in diesem Buch, vielmehr geht es mir um die persönliche Beziehung und Kommunikation mit Gott.

• Ein Wörterbuch verführt zum einfachen Nachschlagen und dazu, sich auf diese Symbole zu fixieren. Eine solche Deutung wäre aber bestenfalls oberflächlich oder gar falsch.

• Ohne Gebet und ohne den Heiligen Geist verpassen wir die tiefere Bedeutung des Traumes. Mit Gebet und mit der Hilfe des Heiligen Geistes können die im Folgenden aufgeführten Beispiele helfen, auf die richtige Fährte zu kommen, und sind eine gute Unterstützung für persönliche Übungen.

• Symbole ihre Deutung müssen immer in Verbindung mit dem Kontext des Traumes stehen, und sie müssen zum Leben und zur Situation des Empfängers passen sowie zu den Gefühlen, die diesen Traum begleiteten.

Biblische Symbole kommen direkt in der Bibel vor. Sie können nachgelesen werden und finden sich in Bibellexika und Konkordanzen. Sie wollen erforscht werden. Über ein einziges Wort, wie z. B. *Wasser*, findet man schon sehr viele unterschiedliche Aspekte. In Bezug auf deinen Traum besteht also die Frage: Welcher Aspekt findet sich im Kontext und in den Gefühlen des Traumes wieder?

Ich will nun am Beispiel für *Wasser* verdeutlichen wie vielfältig dessen Bedeutungen in der Bibel sind:

Wasser ...

... ist lebensnotwendig und unentbehrlich für Mensch und Tier. Ohne Wasser kommt man nicht aus. Es wird täglich gebraucht. Wasser erfrischt und ist ein Segen. Man nutzt es zur Reinigung, z. B. für den Körper und die häusliche Umgebung. Die Wassertaufe ist ein Symbol für das Reinwaschen von Sünde. Ohne Wasser gibt es kein pflanzliches Wachstum, weshalb auch die Ernährung von Wasser abhängt. Doch es kann auch bedrohlich werden. Bei Flutkatastrophen ertrinken Menschen und Tiere; Land und Besitz der Menschen gehen verloren. Ein Mangel an Wasser aber ist ein Unglück und bedroht ebenfalls das Leben.

Durstig sind Menschen nicht nur nach Wasser, sondern auch nach Gott und seinem Wort.

Sieh, es kommt die Zeit, sagt der Herr HERR, da werde ich einen Hunger ins Land schicken, nicht einen Hunger nach Brot oder Durst nach Wasser, sondern nach dem Wort des HERRN, es zu hören (Am 8,11).

Wasser ist aber nicht nur ein Symbol für das Wort, sondern auch für den Heiligen Geist; er wird ausgegossen wie Wasser (vgl. Apg. 2).

In Träumen begegnet uns das Wasser auf sehr unterschiedliche Weise: Als Getränk spricht es meist über Erfrischung. Ein brausendes Meer bedeutet oft Gefahr. Dann gibt es noch Brunnen, welche Orte sind, an denen Wasser geschöpft wird. Sie sind ein Segen, können aber auch zugeschüttet und verschmutzt sein. Das Wort Gottes ist wie ein Brunnen mit frischem, lebendigem Wasser.

Im Folgenden erläutere ich andere **Beispiele** in Stichworten. Es ist, wie bereits betont, keine vollständige Liste. Auch die Erläuterungen sind erweiterbar. Diese Beispiele sollen dir nur als Anregung dienen.

Symbol	Mögliche Bedeutung
10 Gebote	Gesetz, Bund ...
Adler	Prophetischer Dienst; sich im Geist erheben/aufschwingen; Kraft, Jugend ...
Altar	Anbetung (wahre oder Götzendienst); Hingabe; besonderer Ort für geistliche Rituale; Opfer ...
Ägypten	Sklaverei, Gebundenheit, Flucht ...
Baum	Leben; Stärke; Versorgung für andere; (geistlicher) Leiter (guter oder schlechter); Früchte => (geistliche) Frucht; Blätter => Heilung ...
Blumen	Vergängliche Schönheit; eine Gabe; Ausdruck der Liebe Gottes; aufblühen => es kommt ein neuer, guter Zeitabschnitt; Erneuerung; Verheißung der Frucht ...
Braut	Die Gemeinde; Gemeinschaft mit Jesus; Bund der Gemeinschaft ...
Brot	Jesus Christus; das Wort Gottes; Gottes Versorgung ...
Dieb	Satan, Eindringling, unerwarteter Verlust ...
Ernte	Zeit der Gnade und der Erfüllung von Verheißungen; die Rettung von Menschen; Lohn der Arbeit ...

Symbol	Mögliche Bedeutung
Feld	eigenes Feld; Arbeits-/Wirkungsbereich; Lebensbereich; verschiedene Umstände wie: trocken; voller Frucht; klein oder groß; reiche Ernte; magere Erträge ...
Feuer	Gottes Gegenwart; Kraft; Leidenschaft; Heiliger Geist; Versuchung; Schmerzen; Feuerzungen => Pfingsten; Feuersee => Verdammnis ...
Flügel	prophetisch; unter dem Schutz Gottes; Heilung; Berührung von Gott ...
Füße	lahm => geistlich behindert durch Unglaube oder Sünde; barfuß => Demut; waschen => Dienst; Schuhe/Sandalen => Aufbruch, Evangelisation, Dienst ...
Gefangener	Verlorene Seele; unfreie Seele; Bindung; Sucht ...
Gewand	Verhüllung; Ehre; Identität; verschmutztes Gewand => Sünde; Mantel => Autorität/Dienstsalbung ...
Gewicht	Große Verantwortung, Last, Wichtigkeit ...
Gold	Göttlichkeit, Ehre, Gottes Herrlichkeit, Ewigkeit, Unvergänglichkeit ...
Silber	Erlösung, Rettung ...
Löwe	Jesus Christus, der Löwe vom Stamme Juda; Autorität; Herrschaft; Stärke; Königreich Gottes; Satan, der brüllende Löwe; Gefahr ...

Symbol	Mögliche Bedeutung
Öl	Heiliger Geist, Gnade, Barmherzigkeit; Salbung, Reichtum, Freude; Heilung von Wunden ...
Pfeile	mächtige Worte (gute oder schlechte); Verheißungen; Flüche; geistliche und natürliche Kinder ...
Rüstung	Schutz; göttliche Bewahrung; nicht sichtbar sein; sich verstecken; Verschlossenheit ...
Salbung	Ausrüstung für den geistlichen Dienst durch den Heiligen Geist; Autorität; Heilung ...
Salz	macht etwas wertvoll und gut; reinigt; konserviert ...
Schlaf	überwältigt sein; nicht bewusst; verborgen; Faulheit; in Ruhe ...
Schlange	Symbol für Satan; Schlange an einem Pfahl/Kreuz => Jesus, der Retter ...
Sterne	wichtige Person; große Zahl; Nachkommen; Übernatürlichkeit; Jesus Christus; Engel; Bote; Untreue; gefallener Stern => Satan ...
Taube	Heiliger Geist, Frieden, Sanftmut, Reinheit, Rettung, Ankommen (Arche) ...
Tisch	Ort des Bundes; Familie; Versorgung; Überfluss; Gemeinschaft der Gläubigen und mit Jesus ...

Symbol	Mögliche Bedeutung
Trompete	die Stimme eines Propheten; das 2. Kommen Christi; Proklamation des Wortes Gottes; Weckruf bei Gefahr ...
Vater	Vater Gott; Versorger; Vorfahre; das Haupt der Familie ...
Weg	der Weg des Lebens; der persönliche Weg mit Gott ...
Winter	unfruchtbare Zeit; Zeit der Not ...
Wolken	himmlische Manifestation; Herrlichkeit; das Kommen schwerer Zeiten; Stürme des Lebens; Furcht ...
Wüste	Training; Mangel; Versuchung; Platz der Abhängigkeit von Gott ...

Allgemeinverständliche Symbole

Viele andere Traumsymbole finden wir aber nicht in der Bibel. Was machen wir damit? Es gab damals noch keine Autos, Raketen, Computer und Röntgenapparate. Doch wir wissen, wozu diese Dinge gebraucht werden. So können wir z. B. erklären: Ein Auto bringt uns an ein Ziel, wir sind damit unterwegs, entweder als Fahrer oder als Beifahrer. Wie ein kleines Kind, das so etwas zum ersten Mal sieht, fragst du dich: **„Was ist das? Was macht man damit? Ist es gut?"** Einfache Antworten führen dich zu der Bedeutung der Dinge. Wie immer achte auf die Gefühle, die mit diesen Dingen verknüpft sind und auf den Kontext des Traumes.

Ich gebe dir ein paar *Beispiele*. Vielleicht fällt dir auch zu diesen Symbolen noch mehr ein.

Symbol	Mögliche Bedeutung
Baby	neu, Anfang, Aufgabe, Verantwortung, hilflos ...
Bekleidung	Bedeckung, Schutz, Wärme, Identität; Uniform => dazu gehören; unpassende Kleidung => Scham, nicht richtig sein; wertvolle Kleidung => Ehre ...
Bus	die Einheit mehrerer Menschen mit gemeinsamem Ziel ...
Berge	Ausblick, Übersicht, anstrengender Weg, Weiterentwicklung ...
Dach	Bedeckung, Schutz ...
Fahrrad	anstrengend; alleine oder selbstbestimmt; frei; in der Natur ...
Fahrzeug	bringt dich an ein Ziel; unterwegs sein im Leben oder für einen Dienst; du fährst => es geht um dich; du bist Beifahrer => jemand anders fährt (z. B. Vater, Chef, Mutter, Heiliger Geist ...)
Flugzeug	wie Bus => Gemeinschaft, aber mit größerer Reichweite und Geschwindigkeit; himmlisch ...
Gebäude	dein Haus, deine Wohnung => dein Lebensraum; Kirche => Ort der Gottesbegegnung; Schule => Ort, um zu lernen oder zu lehren ...

Symbol	Mögliche Bedeutung
Geschwister	geistliche Geschwister, Weggefährten; Kindheit; Helfer, Rivalen ...
Lehrer	Heiliger Geist, Autorität; ...
Meer	unendlich, große Menge; bedrohlich; Urlaub ...
Mutter	mütterliche Beziehung, geistliche Mutter, Gemeinde ...
Nahrungsmittel	Stärkung, Wachstum, Gesundheit, Versorgung; zu viel oder zu wenig; wertvolles oder Fastfood; satt werden an Leib, Seele und Geist; Milch => Nahrung für Kinder; Brot => tägliches Grundnahrungsmittel ...
Pastor	Jesus, Vorbilder, Autorität ...
Personen	siehe nächster Abschnitt
Schiff	Gemeinschaft unterwegs; Segelboot => getrieben vom Heiligen Geist, Ruderboot => eigene Anstrengung; auch Entspannung, Vergnügen ...
Tal	schwere Lebenszeit; auch leichter, schöner Weg ...
Tiere	Beachte ihre Eigenarten, z. B.: das fleißige Eichhörnchen => Erinnert es dich an jemand, der ständig fleißig etwas sammelt? der schlaue Fuchs => vielleicht der Kollege mit den guten Ideen ...

Symbol	Mögliche Bedeutung
Haustiere	Freunde, Gefährten; Geborgenheit, Liebe ...
Nutztiere	Bekannte; Kollegen; spezielle Aufgabe; brauchen Pflege ...
Wildtiere	beeindruckende oder bedrohliche Personen; nicht unter meiner Kontrolle ...
Vater	Autorität, Lehrer, Versorger; geistliche Väter; Gott ...
Wald	Ruheort; auch bedrohlich, unübersichtlich ...
Wege	Lebensweg; Schritt für Schritt voran; Landstraße und Autobahn => es geht schnell und leicht voran; verschlungener Weg => ist nicht zu überschauen ...
Wohnwagen, Zelt	vorübergehender Lebensraum ...
Zimmer, Raum	Schlafzimmer => Ruheort; Wohnzimmer => Lebensraum, Gäste einladen; Bad => Reinigung; Küche => Ort zur Nahrungszubereitung ...

Personen

Personen in unseren Träumen sind meistens symbolisch zu verstehen. Hier werden bei der Deutung häufig Fehler gemacht. Das kann zu Konflikten und zu Verwirrungen führen. Da kommt möglicherweise jemand zu dir und sagt: „Ich habe von dir geträumt." Und dann folgt meistens eine Aufforderung, dieses oder jenes zu tun. Schaut man sich den Traum aber genauer an, dann sieht man, dass du als Person darin *symbolisch* für jemand anderen oder etwas anderes stehst.

Um die symbolische Bedeutung der Person in deinem Traum herauszufinden, ist deren Charakter und deine Beziehung zu ihr maßgeblich. Auch was du im Traum fühlst, zeigt dir, wer damit gemeint ist, und hilft dir zu erkennen, was diese Person zum Ausdruck bringt und für was oder wen sie steht.

Nach einem Seminar kam einmal eine junge Frau zu mir und erzählte von einem Traum.

Sie hatte von ihrer Mutter geträumt und im Traum immer wieder erlebt, dass sie als Kind von der Mutter sehr schlecht behandelt wurde. Eigentlich wusste sie nichts davon, sie erwog aber, zu ihrer Mutter zu gehen und ihr von dem Traum zu berichten, um dann die Beziehung zu ihr abzubrechen. Als sie mir den Traum dann genauer erläuterte, wurde deutlich, dass die leibliche Mutter gar nicht gemeint war, sondern eine zwar mütterliche, aber auch manipulierende Autorität in ihrem Leben. Die Mutter in ihrem Traum stand nicht einmal für eine einzelne Person, sondern für eine ganze Organisation. Mir waren die Lebensumstände der jungen Frau nicht bekannt, doch sie wusste sofort, wer gemeint war. Ich war froh, dass sie die Beziehung zu ihrer Mutter nicht abgebrochen hatte. In Bezug auf die Organisation ging sie aber gute Schritte in die Freiheit.

Persönliche Traumsymbole

Es gehört zu den grundlegenden Prinzipien der Traumdeutung, dass die meisten Symbole aus unserem persönlichen Lebensumfeld stammen. Gott spricht sehr individuell mit uns. Nur er und wir wissen, was diese Symbole bedeuten. Sie stammen aus unserer Familie, unseren Beziehungen, unserem Arbeitsumfeld, kurz gesagt: aus unserem Alltag. Der himmlische Vater kennt uns durch und durch. Er ist mit allen unseren Wegen vertraut.

Auf den ersten Blick scheinen manche Träume gar nicht symbolisch zu sein. Die Bilder sind uns so vertraut. Oft höre ich: „Ich träume fast immer von meiner Arbeit. Das ist bestimmt nur Verarbeitung aus meinem Alltag." Oder: „Ich habe am Abend noch einen Film angeschaut und danach habe ich davon geträumt. Das ist ja kein Wunder und hat bestimmt nichts mit einer göttlichen Botschaft tun." Es lohnt sich trotzdem, einmal genauer hinzuschauen. Dazu will ich dir ein Beispiel geben:

Traum

Der Chef bittet mich zum Gespräch und teilt mir mit, dass ich befördert werde. Davor müsse ich aber meinen alten Schreibtisch ganz leerräumen, alle meine Unterlagen dem Nachfolger übergeben und den Raum verlassen. Danach würde der Chef mir mein neues Büro zeigen.

Mögliche Deutung

Es mag sein, dass dieser Traum eine tatsächliche Situation widerspiegelt. *Steht mir eine Beförderung an meinem Arbeitsplatz bevor?* Vielleicht ist aber noch mehr gemeint und der himmlische Vater möchte mir etwas mitteilen:

Der Chef, der himmlische Vater, will mich in der Beziehung zu ihm voranbringen, und er möchte, dass ich mich weiterentwickle. Deshalb zeigt er mir, welche Schritte dafür notwendig sind:

- das Alte verlassen

- Dinge aufräumen

- loslassen und weitergehen

Den neuen Bereich kann ich erst betreten, wenn ich den alten hinter mir geschlossen habe. Das bedeutet auch, dass ich für eine kurze Zeit, für wenige Schritte, keinen eigenen Bereich habe. Danach führt mich der himmlische Vater persönlich in meinen neuen Wirkungsbereich ein.

Szenen aus deinem Alltag aber auch ganz persönliche Dinge kommen in deinen Träumen vor. Da sind die Freunde deiner Kindheit oder Klassenkameraden, die sehr bedeutend für dich waren, im Positiven wie auch im Negativen. Spezielle Kleidung erinnert dich an besondere Erlebnisse. Du träumst von dem Hund, der deine Kindheit begleitet hat, oder der Straße, in der du früher gewohnt hast. Vielleicht taucht dein erstes Auto im Traum auf oder Namen, Orte und Gegenstände, mit denen du etwas verbindest. Diese Symbole findest du in keinem Traumwörterbuch, aber dir persönlich sagen sie viel. Du darfst dich immer wieder fragen:

- Was bedeutet das für mich?

- Welche Gefühle verbinde ich damit?

- Um was geht es?

Das hilft dir sehr bei der Deutung deines Traumes.

Welche Deutung ist richtig?

Und wenn es nun mehrere Möglichkeiten gibt, ein Traumsymbol zu deuten? Woher weiß ich, welche Deutung die richtige ist? Wie erkenne ich, ob der Hund, von dem ich träume, ein lieber Freund ist, oder ob er mich angreifen wird? Und gilt der Traum überhaupt mir?

Ich persönlich würde mich mit folgenden Fragen herantasten:

- Was *bedeutet* der Hund für mich persönlich?
- *Welche Erfahrung* habe ich mit Hunden gemacht?
- *Welche Gefühle* begleiteten den Traum?

Wenn du dich der richtigen Bedeutung annäherst oder sie gefunden hast, spürst du das genau. Es gibt dieses innere Ja, diese Bestätigung durch den Heiligen Geist. Auf einmal ergibt der ganze Traum einen Sinn und du weißt, dass du damit etwas anfangen kannst. Dann wirst du ermutigt weitergehen und tiefer in die Gemeinschaft Gottes kommen. Und darin besteht auch das Echtheitszertifikat deiner Deutung: Bin ich ermutigt und führt es mich tiefer in die Herzensbeziehung zu meinem Vater? Falls du Zweifel hast, ob du vielleicht einfach nur deinen eigenen seelischen Wünschen folgst, wirst du eine Hilfe zur Prüfung deiner Traumdeutung in einem späteren Kapitel finden.

Manchmal ist *nicht nur eine Deutung* richtig. Gottes Reden zu uns hat sehr oft mehrere Ebenen. Es kann sein, dass der Traum dir zum einen ganz persönlich etwas sagt und direkt in dein Leben spricht und zum anderen eine Bedeutung hat, die über deine Lebensumstände hinausgeht. In der Bibel begegnen wir diesen verschiedenen Ebenen ständig. Sonst hätten uns das Alte und das Neue Testament heute nichts mehr zu sagen. Zum Beispiel lesen wir im Buch des Propheten Jesaja:

„Tröstet, tröstet mein Volk!", sagt euer Gott. „Redet mit Jerusalem freundlich und predigt ihr, dass ihr Frondienst ein Ende hat, denn ihre Schuld ist ihr vergeben" (Jes 40,1-2a).

Dieses Wort gilt dem Volk Israel in der babylonischen Gefangenschaft, wo es ohne jede Hoffnung auf Heimkehr festsaß. In diese Situation hinein kam das prophetische Wort, und Gott hat es erfüllt. Er hat sein Volk nach Hause gebracht und Jerusalem wurde wiederhergestellt.

Wir lesen dieses Wort heute und es spricht auch zu unserem Herzen. Es tröstet uns in vielen Situationen, in denen wir menschlich gesehen keine Hoffnung mehr haben. Und auch heute stellt sich Gott zu seinem Wort. Er redet freundlich zu unseren Herzen und erfüllt seine Verheißungen. Er tröstet, stellt wieder her und heilt.

So gibt es auch in unseren Traumbotschaften häufig mehrere Ebenen. Als Anfänger bleiben wir bei der persönlichen Deutung, lassen uns aber nicht verunsichern, wenn jemand sagt, es sei doch viel mehr gemeint, z. B. die Gemeinde oder gar die ganze Christenheit. Das kann durchaus stimmen. Dennoch ist die persönliche Deutung richtig.

Ich möchte dir hier ein persönliches Beispiel geben:

„Dietzenbach"

Vor ein paar Jahren beschäftigte mich der Gedanke sehr, wie ich im Alter einmal leben würde. Es war abzusehen, dass die Rente, wenn es überhaupt eine gibt, kaum zum Leben reichen würde, und das machte mir Angst. In dieser Zeit gab mir Gott eine wunderbare Verheißung:

Der Traum

Ich sah ein hübsches Haus in einer ländlichen Umgebung und mich als Rentnerin mit grauen Haaren im Garten sitzen. Es war ein sehr hübscher Ort voller Schönheit. Ich saß unter Apfelbäumen, und auf den anderen Seiten des Hauses befanden sich ein Gemüsegarten, ein Blumengarten und eine Wiese. Eine Freundin war bei mir zu Besuch. Wir plauderten, und nach einer Weile beschlossen wir, in den Ort zu gehen, um Kaffee zu trinken. Ich kannte den Namen des Ortes: *Dietzenbach*.

Was hatte es mit diesem Ort auf sich? Wenn ein Ortsname in Träumen auftaucht, dann weiß man, dass er einen Sinn hat. Manchmal schaue ich dann im Lexikon nach, ob der Name des Ortes eine besondere Bedeutung hat (bei biblischen Namen im Lexikon zur Bibel). Manchmal ist dies auch ganz offensichtlich, wie bei diesen Beispielen:

- *Lebenstedt* kann bedeuten, dass du einen Ort findest, wo du leben kannst; oder es steht für ewiges Leben bzw. erfülltes Leben.
- *Gesundbrunnen* ist eventuell ein Ort der Heilung.
- *Finsterwalde* ist vielleicht ein Ort der Angst und der Unsicherheit.

Andere Bedeutungen sind verborgener, man muss etwas nachforschen, aber es lohnt sich. Was also hatte es mit *Dietzenbach* auf sich? Ich wusste es sofort.

Die Deutung des Traumes

Als Kind kam ich einmal in diesen Ort, als ich mit meinen Eltern während der Ferien eine Wanderung machte. Wir kamen damals durstig an und fanden eine Mineralwasserquelle. Ständig lief frisches Mineralwasser in ein Becken. Die Quelle war frei zugänglich. Jeder durfte trinken, soviel er mochte, und seine Flaschen auffüllen – und das alles, ohne etwas bezahlen zu müssen. Ich war beeindruckt. Mineralwasser kannte ich nur zu besonderen Anlässen im Restaurant. Zu Hause tranken wir Leitungswasser. Und hier konnte ich mich mit Mineralwasser satttrinken!

Was war also die Traumbotschaft?

Das Haus steht für die Lebensumstände. Sie entsprechen meinen Vorlieben. Ich mag das ländliche Leben in schöner Umgebung mit viel Natur und einem eigenen Garten, der Früchte und Blumen bereithält. Dass ich in dem Traum Rentnerin bin, erkannte ich an den grauen Haaren und, was noch wichtiger war, ich wusste es einfach. Gott sprach mit mir in diesem Traum über meine Versorgung im Alter. Die Früchte, das Gemüse und die Blumen in meinem Garten drückten es aus. Aber es war auch ein Ort der Erholung und der Gemeinschaft mit Gästen. Der kleine Luxus, ins Café gehen zu können, sagte mir, dass da Versorgung ist, die mehr als nur das Überleben sichert.

In seiner Macht kann Gott alle Gaben über euch ausschütten, sodass euch allezeit in allem alles Nötige ausreichend zur Verfügung steht und ihr noch genug habt, um allen Gutes zu tun (2 Kor 9,8 REÜ).

Und es würde ein Ort sein, wo Gottes Segensquelle fließt, die Leib, Seele und Geist erfrischt. Da denkt man sofort an Jesaja 55,1:

Wohlan, alle, die ihr durstig seid, kommt her zum Wasser! Und die ihr kein Geld habt, kommt her, kauft und esst; kommt her und kauft ohne Geld und umsonst beides, Wein und Milch!

Was für eine Verheißung!

Heute, mehr als zehn Jahre später und nur noch wenige Jahre bis zur Rente wohne ich mit meinem Mann tatsächlich in einem hübschen Häuschen in ländlicher Umgebung. Wir genießen es sehr. In unserem kleinen Garten stehen Obstbäume und Beerensträucher und eine herrliche Rhododendronhecke. Und wir haben Raum für Gäste und wünschen uns, dass sie sich an der Segensquelle erfrischen und gestärkt wieder abreisen können. Unser Gott ist treu!

Solche prophetischen Träume voller Verheißungen zeigen uns Gottes Möglichkeiten. **Sie treten nicht automatisch ein, sondern erfordern unser Mitwirken.**

Zu erzählen, welche Glaubensschritte mein Mann und ich gehen mussten (und immer noch gehen), damit dieser Traum Realität wurde (und wird), würde ein weiteres Buch füllen. Aber wir konnten und können die Schritte gehen und vertrauen, weil der Vater gesagt hatte, dass er mit uns ist und dass er uns diesen Wohnort geben will.

So etwas kann länger dauern! Nicht immer erfüllen sich die Verheißungen innerhalb kurzer Zeit. Ja, es kann eine lange Zeit dauern, bis man die Erfüllung sieht. Es ist gut, betend dranzubleiben und Schritt für Schritt auf das Ziel zuzugehen.

Deswegen schreibe ich meine Träume auf; ich will sie nicht vergessen. Ich brauche sie als ständige Ermutigung, um das Ziel nicht aus den Augen zu verlieren.

KAPITEL 5

Schritt für Schritt zur Interpretation

Nun geht es an die Deutung deiner Träume. Wie kannst du vorgehen? Ich habe dir hier eine Checkliste aufgeschrieben, die du Schritt für Schritt durchgehen kannst. Diese Liste ist anfangs für viele eine gute und praktische Hilfe. Sie eignet sich auch sehr gut für die Gruppenarbeit. Überhaupt ist der Austausch in einer Gruppe, wo viele Gedanken zusammenkommen, sehr hilfreich. Am Ende kann der Traumempfänger selbst entscheiden, welche Beiträge ihm am ehesten helfen. Und denkt daran, dass es mehrere Ebenen der Interpretation geben kann und nicht unbedingt nur die eine Deutung.

Das Wichtigste bleibt das Gebet. Bitte den Heiligen Geist, dass er dir die Deutung schenkt. Er tut es gerne!

Gehe mit hörendem Herzen und offen an die Deutung heran. Wie oft überrascht uns der Heilige Geist. Halte darum bitte nicht stur an Symbolen fest.

Und hier die Checkliste:

- Bete vor dem Einschlafen und bitte Gott um Träume.
- Nach dem Aufwachen halte die Augen noch geschlossen und schaue noch einmal in den Traum hinein. Merke dir so viel wie möglich.
- Schreibe ihn sofort auf. Notiere Datum und Uhrzeit.

- Welches Thema steht für den Traumempfänger gerade im Vordergrund??
- An wen richtet sich die Traumbotschaft?
- Wer war der Handelnde?
- Um welche Traumart handelt es sich?
- Welche Gefühle begleiteten den Traum?
- Welche Farben beherrschten den Traum?
- Welche Dinge kamen vor und was bedeuten sie?
- Welche Personen kamen vor und was bedeuten sie?
- Welche Aktivitäten gab es?
- Wie war der Handlungsablauf?
- Kannst du eine Überschrift für den Traum finden?
- Ergeben sich Fragen?

Den folgenden Traum will ich euch einmal anhand dieser Checkliste deuten.

Der Übungstraum

Die Frau, welche diesen Traum hatte, war ca. 60 Jahre alt und eine Christin, die sich in ihrer Gemeinde engagierte.

Sie befand sich in einem Gebäude, das wie eine Behörde aussah. Dort stand sie und wartete, bis eine Tür aufging und ein Mann herauskam, anscheinend ein Sozialarbeiter. Er trug ein Baby auf dem Arm, kam zu ihr und überreichte ihr das Kind. Dabei sagte er: „Dieses Kind will niemand haben. Bitte nehmen Sie es!" Die Frau war nicht gekommen, um ein Kind zu holen, aber aus Mitleid nahm sie es mit nach Hause und versorgte es.

Soweit der Traum. Mit den Fragen der obigen Checkliste gehen wir nun dem Sinn des Traumes nach:

Welches Thema beschäftigt den Traumempfänger gerade am meisten?

Die Frau hatte soeben ein Arbeitsgebiet in der Gemeinde aufgegeben und fragte sich, welche Aufgabe sie jetzt übernehmen solle. Es ging um ehrenamtliche Arbeit, nicht um Berufstätigkeit.

An wen richtet sich die Traumbotschaft?

An die Frau selbst, sie wird angesprochen und zum Handeln aufgefordert.

Wer war der Handelnde?

Zum einen handelte der Sozialarbeiter, der ihr das Kind gab. Zum anderen aber auch die Frau selbst, als sie das Kind nahm.

Um welche Traumart handelt es sich?

Es ist ein Berufungstraum.

Welche Gefühle begleiteten den Traum?

Gespannte Erwartung und etwas Unsicherheit.

Welche Farben beherrschten den Traum?

Normale, alltägliche Farben.

Welche Dinge kamen vor? Was bedeuten sie?

Bei dem Behördengebäude handelt es sich um das Gebäude einer staatlichen Einrichtung, der Regierung. Es steht für einen Ort der Königsherrschaft Gottes.

Welche Personen kamen vor und was bedeuten sie?

- die Frau: steht für sich selbst.
- der Sozialarbeiter: steht als Angestellter der Regierung für einen Arbeiter im Reich Gottes.
- das Baby: steht für etwas Neues, eine Aufgabe.

Welche Aktivitäten gab es?

- das Baby tragen
- die Frau ansprechen und bitten
- das Baby überreichen
- das Baby annehmen und pflegen

Wie war der Handlungsablauf?
Siehe oben (Traumbeschreibung).

Kannst du eine Überschrift für den Traum finden?
„Eine neue Aufgabe".

Ergeben sich Fragen?
Momentan nicht.

Daraus ergibt sich folgende Interpretation:
Du fragst dich gerade, was deine neue Aufgabe ist. Gott hat etwas für dich. Jemand wird in Gottes Auftrag zu dir kommen und dir eine Aufgabe zeigen, mit der Bitte, sie zu übernehmen. Es ist eigentlich nicht das, was du dir vorgestellt hast; du denkst, es ist nicht deins. Doch dein Herz sagt dir, dass du es tun sollst. Du spürst, wie Gott sagt: „Bitte nimm du das Baby, die Aufgabe. Es liegt mir am Herzen. Niemand will diese Aufgabe übernehmen. Es wird Arbeit machen, aber es wird dir auch viel Freude bringen." Du nimmst die Aufgabe an.

Wie reagierte die Frau auf diesen Traum?
Dieser Traum half ihr, offen zu sein für Aufgaben, an welche sie bisher nicht gedacht hatte. Es ging für sie nun nicht mehr darum, welche Aufgabe *sie* sich zutraute, sondern wo sie gebraucht wurde und was *Gott* ihr zutraute.

Wie prüfe ich die Traumdeutung?

Nun schaue ich mir die Deutung an.

Stimmt sie mit dem Wort Gottes überein?

Kann ich ein oder mehrere Bibelworte finden, die diese Traumaussage bestätigen? (Beachte: Auch Bibelworte kann man falsch verstehen. Aus dem Zusammenhang gerissen ergeben sie schnell ein falsches Bild.)

Sprich mit anderen reifen Christen über den Traum.

Verstehen sie ihn auch so, oder äußern sie Bedenken? Bleibe offen für Korrekturen.

Wie geht es dir mit dem Traum?

Bist du ermutigt, im Glauben gestärkt? Fühlst du dich geliebt? Siehst du einen Weg, eine Herausforderung, eine Bestätigung?

Wenn dich der Traum bedrückt oder dir die Hoffnung nimmt, dann ist er falsch interpretiert worden. Denn Gottes Traumbotschaft ist immer aufbauend, ermutigend und tröstend.

Die Gefahr der „gefärbten Brille"

Ja, es besteht die Gefahr, dass man seine Träume missinterpretiert und falsche Schlüsse daraus zieht, die dann zu falschen Entscheidungen führen. Keiner von uns ist davor sicher. Wir haben alle unsere Wünsche und vorgefassten Meinungen, die uns fehlleiten können. Diese sind wie eine Brille mit getönten Gläsern, durch die wir unsere Träume immer auf spezielle Art und Weise wahrnehmen.

Was bewahrt uns davor?

1. Triff nie eine Entscheidung auf Grund nur eines Traumes.

2. Gibt es andere Bestätigungen?

3. Verstehen andere den Traum auch so?

Allein schon zu wissen, dass es solche Brillen gibt und dass jeder sie hat, hilft uns, nicht in diese Falle zu tappen. Dazu braucht es auch ein kleines Maß an Demut, von anderen Korrektur annehmen zu können.

Ich möchte dir hier ein Beispiel für eine *falsche Interpretation aufgrund einer „Brille"* geben:

Traum

Eine Frau träumte, dass ein Prinz auf einem weißen Pferd zu ihr kommt.

Subjektive Deutung

Sie glaubte sofort zu wissen, dass dies ihr zukünftiger Ehemann sei und um wen es sich handelte. Dabei war sie so auf diesen Wunsch fixiert, dass sie gar nicht in der Lage war, etwas anderes zu denken.

Objektive Deutung

Der weitere Verlauf des Traumes zeigte aber deutlich, dass der Königssohn Jesus gemeint war. Leicht hätte sie eine sehr hilfreiche, wunderschöne Botschaft verpassen können, weil sie so sehr auf ihren Wunsch fixiert war.

Es ist sehr selten, dass wir konkrete Hinweise über Orte, Zeiten und Personen im Traum erhalten.

Zukünftige Ehepartner, Kinder, Berufe und Wohnorte werden uns meist nicht im Traum gezeigt. Wenn wir dennoch meinen, Gott redet so zu uns, kann ich nur empfehlen, den Traum aufzuschreiben, mit Datum zu versehen und wegzupacken. Geschieht es dann später so, wie wir geträumt haben, ist es eine schöne, zusätzliche Bestätigung. Aber bitte gehe nicht zu deinem „Traumprinzen" und sage ihm: „Ich habe von dir geträumt, du wirst mich heiraten!" Das wäre sehr manipulativ und würde wohl dazu führen, dass dein Traumprinz das Weite sucht. Er hat dann keine eigene Entscheidungsmöglichkeit.

Auch theologische Meinungen sind eine Brille!

Gottes Gedanken sind anders als unsere Vorstellungen.

Denn meine Gedanken sind nicht eure Gedanken, und eure Wege sind nicht meine Wege, spricht der Herr, sondern so viel der Himmel höher ist als die Erde, so sind auch meine Wege höher als eure Wege und meine Gedanken als eure Gedanken (Jes 55,8-9).

Es ist also gut, wenn wir uns in unseren Vorstellungen korrigieren lassen.

Meist geht es in unseren Träumen um unsere Beziehung zu Gott und zu unseren Mitmenschen.

Mein „Prüfungsdreieck"

Ich habe für mich einen guten Weg gefunden, um zu prüfen, ob meine Deutung passt. Vielleicht ist er auch für dich geeignet. Er basiert auf dem Segen aus 2. Korinther 13,13:

Die Gnade des Herrn Jesus Christus und die Liebe Gottes und die Gemeinschaft des Heiligen Geistes sei mit euch allen.

Wenn der dreieinige Gott so mit uns ist, dann muss auch unser Traum und seine Deutung in diese Gemeinschaft mit ihm hineinpassen. Ich stelle mir dieses Wort als Dreieck vor:

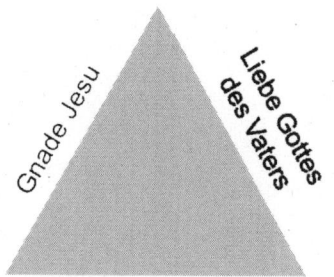

Gemeinsc**haft des** Heiligen **Geistes**

Nun stelle ich mich in Gedanken mit meinem Traum in dieses Dreieck. Ich schaue auf die Seite der **Gnade Jesu** und prüfe, ob ich sie in meinem Traum finde:

- Ist da keine Anklage?
- Ist da Vergebung und Hilfe für meine Schuld?
- Fühle ich mich frei?

Am Kreuz ist Jesus für mich gestorben und darin darf ich leben. Dann schaue ich mir die Seite der **Liebe des himmlischen Vaters** an. Finden sich in meinem Traum

- bedingungslose Liebe und die Tatsache, dass ich sein Kind bin?

Und schließlich schaue ich auf die **Gemeinschaft mit dem Heiligen Geist**:

- Spüre ich seine Gegenwart?
- Führt mich der Traum in tiefere Gemeinschaft mit ihm?
- Spüre ich Frieden?

Wenn ich mich mit meinem Traum und seiner Deutung so in dem Dreieck wiederfinde und wohlfühle, dann kann ich davon ausgehen, dass alles passt.

KAPITEL 6

Was mache ich mit meinen Träumen?

Träume von Gott sind kostbare Schätze, und demgemäß will ich auch mit ihnen umgehen. Ich schreibe sie und ebenso meine Interpretation auf. Träume als Reden Gottes brauchen aber auch eine Antwort von uns, z. B. Gebet und Gehorsam sowie Veränderung unserer Einstellung und unseres Handelns. Gibt er mir einen Warntraum, dann erwartet Gott, dass ich von meinem falschen Weg umkehre. Ermutigt er mich, so will er, dass ich weitergehe. Zeigt er mir eine Not, dann ruft er mich zur Fürbitte und zum Handeln.

Wenn wir auf sein Reden antworten, folgen oft weitere Offenbarungen und die Beziehung zu unserem himmlischen Vater wächst.

Darum höre ich nicht auf, für euch zu danken, wenn ich in meinen Gebeten an euch denke; denn ich habe von eurem Glauben an Jesus, den Herrn, und von eurer Liebe zu allen Heiligen gehört. Der Gott Jesu Christi, unseres Herrn, der Vater der Herrlichkeit, gebe euch den Geist der Weisheit und Offenbarung, damit ihr ihn erkennt. Er erleuchte die Augen eures Herzens, damit ihr versteht, zu welcher Hoffnung ihr durch ihn berufen seid, welchen Reichtum die Herrlichkeit seines Erbes den Heiligen schenkt (Eph 1,15-18).

Nachwort

Jetzt verabschiede ich mich von dir, lieber Leser. Vielen Dank, dass du dich auf den Weg gemacht hast, das Land der Träume zu erkunden, und ich hoffe sehr, du hattest Freude daran sowie das eine oder andere Aha-Erlebnis. Es wird einige Zeit brauchen, die Traumsprache zu verstehen. Bitte gib nicht auf; es lohnt sich sehr, dranzubleiben! Wie geht es für dich weiter? Nimm dieses Handwerkszeug, das ich dir in diesem Buch mitgegeben habe, und benutze es fleißig! Super wäre es, wenn du eine Gruppe findest, in der ihr euch regelmäßig über Träume austauschen könntet.

Gerne biete ich dir an, ein Seminar bei uns oder in deiner Stadt zu halten. Dann frage einfach per E-Mail an.

Wenn du noch mehr über dieses Thema lernen möchtest, schaue einmal in den Anhang dieses Buches. Dort habe ich ein paar Titel aufgeschrieben. Ich wünsche dir erholsame, friedliche Nächte!

... und träume gut.

Frauke

Buchempfehlungen zum Thema

Höre Gott durch deine Träume von Mark Virkler und Charity Virkler Kayembe (GloryWorld-Medien, 2018)
How to interpret Dreams and Visions von Perry Stone (Charisma House, 2011)
Dreams: God's Voice in the Night von Barbara Lardinais (Destiny Image Publishers, Inc., 2014)
Gateway to Dreams von Teresa Ward (Destiny Image Publishers, Inc., 2015)

Literaturverzeichnis

The Illustrated Bible-Based Dictionary of Dream Symbols von Dr. Joe Ibojie (Destiny Image TM Europe srl, 2005)
Dreams and Visions von Jane Hamon (Regal, 2000)
Dreams and Healing von John A. Sandford (Paulist Press, 1978)
http://www.gesundheit.de

Über die Autorin

Frauke Frohwerk ist Jahrgang 1955 und lebt mit ihrem Mann Günter in Lindwedel im Heidekreis. Sie haben zwei erwachsene Kinder. Frauke ist von Beruf Erzieherin.

Seit über zehn Jahren sind Frauke und Günter Frohwerk in Deutschland mit Seminaren zu verschiedenen Themen unterwegs. Es ist ihnen eine Herzensangelegenheit, Menschen zu ermutigen und ihnen zu helfen, mit dem himmlischen Vater in eine tiefere Beziehung zu kommen. Sie bieten dazu Seminare, Wochenenden, Seelsorge und Gespräche (Beratung) an.

Weitere Informationen findest du auf ihrer Homepage www.frohwerk-seminare.de.

Kontakt-E-Mail: frauke@gfrohwerk.de

Weitere Produkte von GloryWorld-Medien

Dr. Charity Virkler-Kayembe / Dr. Mark Virkler
Höre Gott durch deine Träume

Gottes Reden in der Nacht verstehen; 288 S., Pb.

In der Bibel finden wir sehr viele Beispiele für Gottes Reden durch Träume. Auch heute möchte er uns durch Träume wichtige Botschaften zukommen lassen. Doch beachten wir sie oft wenig oder wissen nicht, wie sie zu deuten sind.

Diesem Missstand möchte dieses Buches abhelfen. Die Autoren haben sehr viele Erfahrungen im Umgang mit Gottes Reden gesammelt. Das Buch ist ein praktischer, leicht verständlicher und biblischer Leitfaden, um die Sprache zu verstehen, die Gott in unseren Träumen benutzt.

Jonathan Welton, Die Schule der Seher

Eine praktische Anleitung, wie man ins Unsichtbare hineinsehen kann; 224 S.; Pb.; Vorwort von Randy Clark

Viele Christen haben angefangen, übernatürliche Phänomene zu erleben: Träume, (offene) Visionen, Engel oder Dämonen. Aber es mangelt ihnen an solider biblischer Lehre und sie sind zu dem geworden, was man als *Seherwaisen* bezeichnet: Sie suchen verzweifelt nach jemandem, der sie trainiert, ermutigt und freisetzt.

Das Ziel von Jonathan Welton war deshalb, ein praktisches Handbuch herauszubringen, das den Leib Christi mit den Informationen ausrüstet, die notwendig sind, um in der Dimension des Prophetischen bzw. des Sehers zu wachsen und im Leben im Übernatürlichen Reife zu erlangen.

Gary Oates, Öffne mir die Augen, Herr

Wie wir mit Gott und seinen Engeln zusammenarbeiten können
120 Seiten; Paperback

Das Leben des heutigen „Normalchristen" ist nur wenig vom Übernatürlichen geprägt. Bei Gary Oates war das nicht anders, bis er durch einen großen geistlichen Hunger einige einschneidende Erlebnisse mit Gott hatte. Er wurde auf dramatische Weise im Geist in die Gegenwart Gottes versetzt und es wurden ihm die Augen für den Dienst der Engel geöffnet.

Dieses Buch geht nicht nur auf diese Erlebnisse ein, sondern ist eine praktische Anleitung dafür, wie wir in eine solche Vertrautheit mit Gott hineinfinden können, dass auch unsere geistlichen Sinne für diese himmlischen Dimensionen geöffnet werden.

Phil Mason, Die Ergründung des Herzens

Eine Einführung in die Herzensrevolution; 240 S., Pb.

Band 1 der Reihe „Übernatürliche Transformation"

Willkommen zur Herzensrevolution! Phil Mason bringt uns mit diesem Buch wieder mit dem Herzen Gottes – und somit auch unserem eigenen Herzen – in Verbindung. Begegnen wir der verschwenderischen Liebe des Vaters, erweckt sie in unserem Herzen eine neue Begeisterung und Leidenschaft. Jesu Modell der Herzensverwandlung stützt sich nicht auf irdische Weisheit und Methoden. Er möchte, dass wir durch eine Begegnung mit der Herrlichkeit und Macht Gottes verwandelt werden.

Phil Mason, Das Wunder der Neuen Schöpfung

Die Grundlage der Herzensrevolution; 264 S., Paperback

Band 2 der Reihe „Übernatürliche Transformation"

Was genau passiert bei der Wiedergeburt eines Christen? Welche Segnungen gehen damit einher? Wie kommen wir dahin, vom Geist bestimmt zu werden? Und wie geschieht es, dass wir ganz heil werden und immer mehr Christus widerspiegeln?

Phil Mason legt die umfassende Grundlage dafür, dass jeder Christ die Tatsachen und Prozesse versteht, die uns zu siegreichen Christus-Nachfolgern machen. Das ist Voraussetzung für die Revolution, die Gott in seiner Gemeinde gerade in Gang bringt.

Frank Krause, Die Schriftrolle der Liebe (Bd. 1)

Die Stadt der Liebe und dein Körper der Liebe; 160 S., Pb.

Nachdem der Autor lange um eine Offenbarung der Geheimnisse der Liebe gebetet hatte, kam eines Tages ein Engel zu ihm, der ihm die Schriftrolle der Liebe brachte. In diesem Band wird die Schriftrolle geöffnet und gibt ihre ersten Geheimnisse preis. Sie drehen sich um die Art der Gemeinschaft – die „Stadt" –, welche die Liebe baut, sowie um überraschende Erkenntnisse über die Bedeutung unseres Körpers.

Viele Aspekte des äußeren Leibes und eine ganze Reihe von inneren Organen werden besprochen. Ihre Widerspiegelung höherer Zusammenhänge und geistlicher Prozesse ist augenöffnend. Insbesondere der Weg, auf dem Jesus den Autor auf eine Reise durch das Gehirn mitnimmt, gibt tiefe Einblicke in den heutigen Gebrauch und Missbrauch unseres Denkapparates und erklärt, warum so viele Bereiche des menschlichen Gehirns brachliegen.

Henk Bruggeman, Das Herz des Vaters entdecken

Unsere Identität als Söhne und Töchter Gottes empfangen

200 S.; Paperback

Gott sehnt sich mehr denn je danach, seinen Kindern sein Vaterherz zu offenbaren. Er möchte, dass wir ihn nicht nur mit dem Kopf, sondern vor allem mit dem Herzen kennenlernen. Statt einer Distanziertheit soll eine innige Vertrautheit unsere Beziehung zu ihm prägen. Darüber hinaus möchte er uns aber eine neue Identität schenken: die Identität der Sohnschaft. Wir entdecken mehr und mehr, wie wir als echte Söhne und Töchter Gottes leben können.

Blake K. Healy, Durch den Schleier sehen

Eine Einladung in die unsichtbare Welt; 176 S. Paperback

Blake K. Healy sieht Engel und Dämonen seit seiner Kindheit – und zwar so klar wie natürlich sichtbare Dinge. Er sieht zum Beispiel Engel in Anbetungsgottesdiensten tanzen und Ermutigungsworte in die Ohren von Menschen flüstern, doch genauso sieht er auch Dämonen, die sich an Leute heften und so Abhängigkeiten, Lügen und Bitterkeit in deren Herzen und Gedanken aufrechterhalten.

In diesem Buch erzählt er einige dieser Begegnungen und wie er in dieser Gabe reifte und dabei die Angst und Verwirrung über die Dinge, welche er sah, überwand. Und ebenso, und wie er lernte, die Gabe des Sehens zu Gottes Verherrlichung zu nutzen und andere darin zu lehren.

„Ich wollte nicht, dass dieses Buch jemals endet!" (Bill Johnson)

Luc Niebergall, Eine zeitlose Reise

Wie ich den Himmel erkunden und meine Identität empfangen durfte; 144 S., Paperback

Ab dem Alter von 16 Jahren wurde Luc Niebergall eine unglaubliche „Reise" in die Herrlichkeit der Person Jesu zuteil. Durch prophetische Begegnungen durfte er den lebendigen Gott erfahren.

Nach acht Jahren Visionen, Träumen und himmlischen Begegnungen hatte er den Eindruck, Gott wolle, dass er einiges von dem, was er ihm gezeigt hatte, in Form von Geschichten in einem Buch niederschreibt.

Dieses Buch ist ein Aufruf an die Söhne und Töchter Gottes, ihr volles Erbe zu empfangen, das darin besteht, in einer ewigen, intimen Beziehung zu Gott selbst zu leben.

Begegnen wir der intimen Liebe Gottes, des Vaters, fällt die falsche Identität der Waisenschaft von uns ab. Wir werden zu siegreichen Söhnen und Töchtern, welche den Nationen Heilung und Wiederherstellung bringen.

Bill Johnson / Randy Clark, Berufen zu heilen (Bd.1)

Grundlagen und Praxis des Gebets für Kranke, 240 S., Pb.

Jeder Christ kann von Gott gebraucht werden, um anderen Heilung zukommen zu lassen. Das ist das Anliegen der beiden Autoren. Dazu berichten Sie, wie Gott sie in den Heilungsdienst hineinführte, und legen anschließend klare biblische Grundlagen für das Heilungsgebet. Im umfangreichsten Teil gehen sie auf verschiedene Aspekte ein, die für eine Heilung förderlich sind, erläutern, wie seelische und körperliche Krankheiten zusammenhängen und stellen dann ein in der Praxis bewährtes Modell für das Gebet um Heilung vor, das für alle Christen leicht anwendbar ist.

Klaus Breuer, Als Jan Gott hörte

... und eine Freundschaft begann; 104 S., Taschenbuch

Seit Klaus Breuer mit jungen Jahren Christ wurde, erlebt er, dass Jesus mit ihm spricht. Mit diesem Buch lässt er uns an diesem hörenden und ganz praktischen Lebensstil mit Jesus teilhaben. Er tut das anhand von Jan, einem jungen Teenager, der mit Jesus in einem kindlichen Vertrauen lebt. Schritt für Schritt breitet sich das Reich Gottes auf ganz natürliche Weise in Jans Umfeld aus.

Nicht nur junge, sondern Menschen jeden Alters werden durch diese Erfahrungen ermutigt, in eine einfache, kindliche Kommunikation mit Jesus zu kommen. Er kann ihnen dann selbst sagen, was er vorhat und wie sie es umsetzen sollen.

Judy Franklin / Beni Johnson, Den Himmel erleben

Wie wir in Gottes Dimension eintreten können

Vorwort von Bill Johnson; 200 S., Pb.

Judy Franklin, die Sekretärin von Bill Johnson, versteht es meisterhaft, die christliche Gemeinde zu ihrem ursprünglichen Auftrag, im Geist zu leben, zurückzuführen. Ihr Buch liest sich wie eine Schatzkarte, die einen vom Chaos dieser Welt zu übernatürlichen Erfahrungen führt.

Aufgrund ihrer Kindheitserlebnisse hatte Judy Franklin lange Zeit gedacht, sie sei dumm und könne nicht geliebt werden. In diesem Buch berichtet sie, wie Gott sie in die himmlische Welt sehen ließ und ihr persönlich begegnete, sodass sie diese Erfahrungen überwinden konnte.

Die praktischen Tipps und Anleitungen helfen Ihnen, den Vater sehr persönlich kennenzulernen. Die Autorin berichtet, wie sie Hindernisse zu dieser Erfahrung überwand, und bezeugt dadurch Gottes Kraft zu heilen und seine liebevolle Freundlichkeit und Güte gegenüber allen, die sich danach sehnen, ihn zu kennen und eine tiefere Vertrautheit mit Christus zu erleben.

Kevin Basconi, Mit den Engeln tanzen, Band 1

Die Grundlagen: Gottes Engel erkennen, einladen und beauftragen; 240 S.; Paperback

Mit diesem Buch stellt uns Kevin Basconi eine inspirierende, glaubensstärkende und praktische Anleitung zur Verfügung, wie ganz normale Gläubige mit Engeln zusammenarbeiten und sie sogar beauftragen können, um den Willen Gottes auszuführen.

Sein Buch ist voller spannender persönlicher Berichte, in denen er uns an seinem wachsenden Verständnis über das Wirken der Engel teilhaben lässt. Er erläutert, wie unsere Fähigkeit, Gottes Willen zu tun, dramatisch zunimmt, sobald wir mit Engeln zusammenwirken.

Joshua Mills, Zeit und Ewigkeit

Herrsche über deinen Tag!; 88 S. Paperback

Dieses Buch ermutigt zu einem übernatürlichen Zeitmanagement. Tauchen Sie mit Joshua Mills in die bisher verborgenen Geheimnisse von Zeit und Ewigkeit ein, zwei Dimensionen, die sich in uns berühren.

Im Gebet werden wir angeleitet, wie wir die Zeit in unseren Dienst zu nehmen vermögen, unsere Tage übernatürlich verlängern, mehr Produktivität hervorbringen, nützliche Kontakte bekommen und heute Dinge erreichen, die wir gestern nicht erreicht haben.

Auch zeigt er uns, wie Gott uns die Jahre wiedererstattet, die uns geraubt worden sind. Und nicht zuletzt lesen wir faszinierende Zeugnisse über Zeitsprünge, übernatürliche Zeitumkehr, erneuerte Jugend und andere Wunder, so dass uns neu bewusst wird: Alles ist möglich!

James Goll, Die Gaben des Heiligen Geistes freisetzen; 216 S., Paperback

Der Heilige Geist demonstriert Gottes übernatürliche Kraft durch seine Gemeinde heute, indem seine Herrlichkeit auf globaler Ebene freigesetzt wird. Alle Gaben Gottes sind immer noch voll funktionsfähig, und jeder einzelne Gläubige ist dazu bestimmt, im Fluss Gottes zu leben und seine Bestimmung zu erfüllen.

James Goll zeigt auf, wie der Heilige Geist durch die neun bekanntesten Geistesgaben wirkt und wie wir sie unter Gottes Leitung für die Erfüllung des Missionsbefehls einsetzen können.

Anhand vieler anschaulicher Beispiele aus der Bibel und aus der Gegenwart lernen wir, wie geistliche Gaben in der Praxis funktionieren. Aber es geht in diesem Buch nicht nur darum, wie man seine geistlichen Gaben entdeckt oder empfängt, sondern wie man sie freisetzt und weitergibt!

Barry & Lori Byrne, Liebe in der Ehe

Eine tiefere geistliche, emotionale und körperliche Einheit erleben; Vorwort von Bill Johnson; 334 S., Klappenbroschur

Gott möchte, dass die Ehe ein Ort echter Liebe und Vertrautheit ist. Dafür brauchen wir die Hilfe des Heiligen Geistes. Mit ihm können wir die Ursachen unserer Konflikte erkennen und überwinden. Unsere Ehe kann Heilung und Wiederherstellung erfahren, egal, wie der momentane Zustand ist.

Mit klarer biblischer Lehre und vielen praktischen Hilfen packen die Autoren die wichtigsten heißen Eisen an. Viele ermutigende Erfahrungsberichte verdeutlichen die dramatische Heilung und Intimität, die mit Gottes Hilfe möglich ist.

Dr. Larry Richards
Die volle Waffenrüstung Gottes

Gut geschützt gegen die Angriffe des Bösen; 208 Seiten, Pb.

Die Bibel macht deutlich, dass ein Großteil unserer Unsicherheiten, Ängste und Zweifel auf den Machenschaften böser Mächte beruhen. Deshalb ist es so entscheidend, dass wir sowohl die Strategien kennen, die Satan benutzt, um uns anzugreifen, als auch die Rüstung, die Gott uns zur Verfügung stellt, um uns dagegen zu schützen.

Eine biblische Dämonologie, Hilfen zum Umgang mit dem Bösen in der Seelsorge sowie Lektionen für „Lebe-frei-Selbsthilfegruppen" runden das Buch ab.

Chris und Liz Gore, Überfließen

Jeden Tag die Fülle des Himmels erleben; 176 S., Pb.

Chris uns Liz Gore möchten allen Gläubigen ganz praktisch dazu verhelfen, das überfließende Leben zu erfahren, von dem Jesus gesprochen hat. Unser Leben soll nicht auf Lügen aufgebaut sein und unsere Vorstellung vom Herzen des Vaters soll auf der Wahrheit beruhen.

Als Bonusmaterial sind einige Lektionen von Insassen eines Hochsicherheitsgefängnisses in den USA enthalten. Als Chris dort diente, begegnete er der Liebe und dem erlösenden Herzen des Vaters auf eine ganz neue Art und Weise.

Bestellen Sie im Buchhandel oder direkt beim Verlag:

GloryWorld-Medien | Beit-Sahour-Str. 4 | D-46509 Xanten
Fon: 02801-9854003 | Fax: 02801-9854004 | info@gloryworld.de

Aktuelles, Leseproben, Downloads & Shop: **www.gloryworld.de**